KB043466

마흔의
단어들

마흔의 단어들

인생의 오후를 위한 마흔의 감정 읽기

© 심의용, 2016

초판 1쇄 펴낸날 2016년 11월 21일

지은이 심의용
펴낸이 이건복
펴낸곳 도서출판 동녘

전무 정락윤
주간 곽종구
책임편집 구형민
편집 최미혜 이환희 사공영
미술 조하늘 고영선
영업 김진규 조현수
관리 서숙희 장하나

인쇄·제본 영신사 **라미네이팅** 북웨어 **종이** 한서지업사

등록 제311-1980-01호 1980년 3월 25일
주소 (10881) 경기도 파주시 회동길 77-26
전화 영업 031-955-3000 편집 031-955-3005 **전송** 031-955-3009
블로그 www.dongnyok.com **전자우편** editor@dongnyok.com

ISBN 978-89-7297-846-6 03100

• 잘못 만들어진 책은 바꿔 드립니다.
• 책값은 뒤표지에 쓰여 있습니다.
• 이 도서의 국립중앙도서관 출판시도서목록(CIP)은 e-CIP홈페이지(http://www.nl.go.kr/ecip)와
  국가자료공동목록시스템(http://www.nl.go.kr/kolisnet)에서 이용하실 수 있습니다.
  (CIP제어번호: CIP2016025996)

마흔의
단어들

인생의
오후를 위한

마흔의
감정 읽기

심의용 지음

동녘

마흔, 터닝 포인트는 없다

요란하다. 인생의 전환점인 마흔은 과장스럽게 야단스럽다. 우리가 80세를 산다고 가정했을 때 중간을 지나는 시점이기 때문이다. 꺾였다고 생각하는 것이다. 나이는 숫자에 불과하다면서 기세등등하지만 뭔가 불안한 모습을 지울 수 없다.

숫자에 불과하다고 한 나이가 하나둘 점차 늘어가는 것을 초라하게 늙어간다고 생각하면서 부정하거나 두려워하는 것이다. 아직도 마음은 젊은 마흔이지만 이제 사회에서 밀려나기 시작하기에 더 이상 젊지 않은 마흔이기도 하다. 마음이 부족한 것이 아니라 사정이 절박하다.

한편으로는 남녀노소를 불문하고 더 젊고 싱싱해 보이는 것이 성공한 인생과 자기 관리의 척도가 된다. '먹방'에서 카메라를 의식하면서 음식을 맛있게 먹는 척하는 것만큼이나 동안과 '몸짱'에 대한 열풍은 과도하게 의식적이고 초조하다.

한편에서 40세가 불혹不惑이라고 말한 공자를 들먹이며 완성된 인격을 조급하게 강제하기도 한다. 어른으로서의 도덕적 성숙을 권고한다. 어떤 일에도 미혹되지 않고 모든 사람에게 사랑을 받는 완전한 인격이 되려고 한다. 모난 정이 돌 맞는다는 교훈이 핵심이다. 자기 계발서를 읽는 일도 이런 사회적 압박과 무관하지 않다.

그러나 40세에는 유혹과 애증에 시달리지 않을 수 없으며 완전한 덕을 이루기도 어렵다. 게다가 모든 사람에게 미움을 받지 않으면서 모두를 사랑하는 일도 불가능하다. 그럴 뿐 아니라 마흔이란 나이에 이런 인격을 갖춘 사람은 완전한 인격이 아니라 오히려 사기꾼에 가까운 것은 아닐까?

뭔가 새롭게 시작해야 할 시점에서 이룰 목표나 지향할 인격보다는 이해득실을 먼저 따져보았다. 잃은 것은 무엇이고 얻은 것은 무엇이며, 이로운 것은 무엇이고 해로운 것은 무엇일까? 얻어야 할 것은 무엇이고 버려야 할 것은 무엇일까? 결과는?

제로. 낫씽nothing이다. 아무것도 아니었다. 이로움이라고 기세 등등했던 것이 사실은 해로움이고, 해로움이라고 낙담한 것이 실은 이로움이었다. 뭔가를 얻었다고 득의양양했지만 사실은 다른 것을 상실한 것이었고, 뭔가를 상실했다고 실의했지만 사실은 다른 것을 얻은 것이다. 쓸데없는 짓이었다.

딸아이가 자전거를 처음 배우려고 했을 때의 일이다. 중심을 잡고 잘 가는 듯했는데 너무 좌우로 흔들려서 딸아이에게 "너무 비틀거리는 거 아니니?" 했다. 어른의 조바심이었다. 딸아이는 태연하게 "비틀거려야 균형을 잡을 수 있어!" 하고 말하는 것이 아닌가?

과도한 기대와 집착과 근심과 미련이 현실을 요란스럽게 만들 뿐이다. 조바심 낼 일이 아니다. 초조함은 믿음의 결핍만을 증명한다. 딸아이가 스스로 잘 굴러가듯이 마흔도 스스로 잘 굴러갈 것이다. 숫자로 규정된 중간 지점으로서의 터닝 포인트turning point 는 없다.

각자에게 주어진 현실이 있을 뿐이다. 단지 안개에 가려져 있을 뿐. 초조함을 내려놓고 안개에 가려진 현실을 냉정하게 바라보면 서서히 드러날 것이다. 중요한 것은 그 현실 속에서 넘어지지 않도록 균형을 잡는 일이다. 비틀거려야 균형을 잡을 수 있다. 그러니 건들건들 시건방지게 흔들거려도 무방하리라.

책을 쓰는 동안 격려를 아끼지 않은 동녘출판사의 곽종구 주간님과 난삽한 글들을 편집한 구형민 팀장님께 감사드린다. 한 인간으로 성장하는 데 많은 가르침을 주는 아내 김영선과 딸 심은호에게 감사드린다. 술자리에서 많은 얘기를 나눈 친구들과 선후배님께 감사드린다.

《예감은 틀리지 않았다》로 유명한 소설가 줄리안 반즈Julian

Barnes의 인터뷰를 읽다가 순간 몸이 굳어졌던 대목이 있다.

> 아내를 잃고 쓴 책《사랑은 그렇게 끝나지 않는다》에 '누군가
> 죽었다는 건 그가 더 이상 살아 있지 않다는 의미이지 존재
> 하지 않는다는 뜻은 아니다'라는 문장이 있다. 아내는 아직도
> 나를 위해 존재하기 때문에 계속해서 내 책을 바치는 건 당연
> 하다.

비단 아내만 그러한 것이 아니다. 모든 사람들이 그러하고 또
어떤 생명체도 다 그러하다. 죽었다는 것은 살아 있지 않다는 것
이지 존재하지 않는다는 뜻은 정녕코 아니다. 이 책을 올해 돌아
가신 아버지와 이제 홀로 남겨진 어머니께 바친다.

1장 | 마흔의 문턱에서 버려야 할 것

노자에 따른다면 우리가 뭔가 새로운 것을 깨달아 간다고 하는 것은 이전에 가지고 있던 지식을 버리는 것이다. 배움을 연마하는 사람은 날마다 고정된 지식을 더하지만, 도를 수양하는 사람은 날마다 고정된 지식을 버린다.

2장 | 나이가 들어 늘기 시작한 것

나이가 먹으면서 늘어나는 발바닥과 손바닥의 굳은살들을 바라보며 이 무감각을 통해 어떤 측면에서는 편해졌겠지만, 생각해보면 그건 어쩌면 다른 곳의 감각이 둔해지고 있는 증거인지도 모른다. 그것은 뭔가 아름다움 같으면서도 서글픈 일이다.

3장 | 마흔이 되어 우리가 잃어버린 것

나이를 먹어가면서 과도해지는 것은 두 가지 방향이다. 한편으로 불가능한 이상을 잃고 과도하게 현실적 계산만을 밝힌다. 교활한 속셈이 는다. 한편으로는 더러운 현실을 혐오하고 과도하게 자신의 이상적 신념을 고집한다. 순진한 고집이 는다.

4장 | 인생의 오후에 찾아야 할 것

미움받고 욕을 얻어먹을 수 있는 배짱을 가져라. 그것을 자신이 진실로 인정할 수 있다면, 그것을 이해하고 용서하지 못할 사람들은 없다. 그러니 담대하라. 이 담대함은 자신의 생각이 가진 확신이 철저하게 무너질 수 있는 위험 속에 스스로를 내던지는 단호함이다.

1장

—————————— 마흔의 문턱에서
버려야 할 것

一
아
내
가
왜
여
자
로
안
보
이
죠
?

젊은 남녀가 섹스 할 때 옷을 벗는 것을
부끄러워하지 않는 것은 아름다운 몸을 서로에게
드러내고 싶기 때문이다. 그렇다면 나이든 중년이
섹스 할 때 옷을 벗는 것을 부끄러워하는 것은
축 늘어지고 주름진 생물학적 몸을 드러내기
꺼려하는 것일까? 아니다. 감추고 싶은 삶이
고스란히 간직된 주름진 존재론적 살덩어리를
드러내기 꺼려하는 것이다.

하나,

섹스

| 섹스는 정복이 아니다

고대에 영웅들은 산과 바다로 모험을 떠났지만, 현대 영웅들은 여자의 젖가슴으로 모험을 떠난다. 그리고 그 영웅들은 친구를 불러 모아 장중하게 소주를 들이켜며 자신의 모험담을 이야기한다. 그럴 때 그들은 진부함을 넘어선 비범한 삶을 사는 영웅적 모험가로 태어난다. 그의 삶이 신비와 모험이 가득한 하나의 이야기로 완성되기 때문이다.

그런데 자신의 섹스 경험을 자랑인 양 떠벌리는 그 영웅들의 쾌락에 도통 신뢰가 가지 않는다. 정신분석학자 자크 라캉Jacques Lacan 에 따른다면 인간의 욕망은 타자의 욕망이다. 욕망은 내 안에서 일어나는 것이 아니라 밖에서 주어진다. 상징계라는 사회의 가치 체계가 내면의 욕망을 만든다. 스스로 자신이 욕망한다고 착각하지만 실은 외부에서 강제로 추동된 욕망이다. 그렇기 때문에 욕망의 충족에는 타자의 인정이 필수적이다. 자기과시는 물론이다.

성적 욕망은 어떨까? 마찬가지다. 때문에 철학자 슬라보예 지젝Slavoj Žižek의 다음과 같은 농담은 단순한 농담만은 아니다.

> 무인도에 유명한 모델 신디 크로포드와 단 둘이 남게 된 남자가 그녀와 섹스를 하게 된다. 그 후에 남자가 신디 크로포드에게 간절하게 한 가지를 부탁한다. "죄송한데, 남자 옷을 입고 수염을 그려줄 수 있나요?" 신디 크로포드가 당황하며, '전 동성애자가 아니에요!'라고 답한다. 설득 끝에 남자는 신디 크로포드를 남장시키는 데 성공한다. 그러고는 팔꿈치로 신디 크로포드의 옆구리를 쿡 찌르며 말한다. "이보게 친구, 나 방금 신디 크로포드랑 섹스 했다!"
>
> — 지젝, 《How to Read 라캉》 중에서, 요약

타인의 인정을 통해 완성되는 섹스의 쾌락은 섹스 상대를 쾌락의 만족도를 인정받기 위한 수단으로 이용한다. 자기과시의 도구일 뿐이다. 거기에는 자기 쾌락의 충족과 과시만 있을 뿐 상대의 쾌락과 감정에는 무관심하다.

고대건 현대건 모험가들의 공통적 특징은 익숙한 곳이 아니라

새로운 곳을 좋아하고, 평범함을 넘어선 특이한 것과 일상을 뛰어넘는 신비함을 좋아한다. 신세계를 발견하고 싶은 것이다. 신세계는 남들이 경험하지 못한 미지의 영역이기 때문이다.

그러나 그 미지의 영역에 대한 모험은 단지 미지에 대한 호기심으로부터 추동되었을까? 아니다. 거기에는 정복욕과 지배욕이 감추어져 있다. 신대륙을 발견한 콜럼버스는 호기심 가득한 모험가가 아니라 원주민을 정복한 지배자라는 것이 역사학계의 정설이다.

나이를 먹었다고 겁쟁이가 될 필요는 없다. 그렇다고 해서 나이를 먹었기 때문에 타인을 정복하고 지배하는 영웅이 되어야 하는 것은 아니다. 그것은 섹스의 영역에서도 동일하다.

| 로맨스와 포르노의 공통점

진화심리학에 따른다면 성충동은 생존 욕구나 번식 욕구와 밀접하게 관련된다. 때문에 남성의 경우 왕성한 번식을 위해 섹스 파트너를 다양하게 교체하는 방향으로 진화했다. 이에 반해 여성은 장기적으로 자신을 돌볼 수 있는 남성을 선택한다. 바람둥이에다 책임감이 없는 남성과 섹스를 해서 자식을 낳는다면 홀로 키워야 하기 때문이다.

그러나 현대인이라면 자신의 성충동이 번식 욕구와 관련된다고 보는 사람은 없다. 성충동은 언제나 사랑과 관련된다. 물론 진화심리학에서도 할 말은 있다. 사랑하는 대상을 선택하는 기준인 아름다움이나 섹시함도 사실은 번식과 관련된 건강함이 변형된 모습일 뿐이다.

근대 이후로 섹스는 사랑과 결혼과 결합해 삼각관계를 이뤘다. 근대 이전에 결혼은 개인적인 사랑과 관련이 없었고, 단지 가문의 생산과 관련이 깊었다. 자식이라는 일꾼을 더 낳는 생존의 문제와 종족 보존과 연결된 숭고한 문제다. 사랑은? 어린애들이나 하는 짓이었다.

하지만 근대 이후로 결혼은 개인이 자유롭게 선택하는 사랑의 문제였고, 섹스는 낭만적 사랑과 연결되어 사랑하는 사람끼리 나누는 아름다운 행위로 격상되었다. 이제 섹스는 사랑하는 사람들이 결혼해 가정을 이룰 때 가장 아름다운 행위가 된다.

이런 근대 결혼 제도에 의해 유지되는 사랑과 섹스의 문제에 감추어진 억압과 위선을 무의식이라는 개념으로 발견한 사람이 지그문트 프로이트Sigmund Freud다. 이제 프로이트 덕분에 현대사회는 결혼이나 사랑과 무관한 섹스 자체를 발견했다. 이제 비루한 결혼 제도에 얽매이는 섹스는 위선이 되고 낭만적 사랑과 연계된 섹스는 유치하다. 섹스 자체의 쾌락이 해방된 것이다.

프로이트가 어린이도 성충동을 가지고 있으며 성적 쾌감을 즐긴다는 주장을 했을 때, 세상 사람들은 기겁했다. 그 시대의 상식으로 볼 때 어린이의 성충동은 경악스러운 사실이었기 때문이다. 그러나 지금의 프로이트의 주장은 상식처럼 되어버렸다.

그렇다면 피임술이 과학화된 이 시대에 무의식 속에 감추어진 성적 충동을 완벽하게 해결할 방법을 세상 사람들이 경악할지라도 한번 생각해볼 수 있지 않을까? 가령, 섹스의 스포츠화 같은 거 말이다.

아내 혹은 남편이 현관문에 걸린 거울을 보면서 살짝 흥분한 목소리로 남편 혹은 아내에게 말한다. "여보, 나 스포츠센터에 가서 섹스 한 게임 뛰고 올게." 아내 혹은 남편은 무관심한 듯 텔레비전에 시선을 고정한 채로 대답한다. "그래, 이번에는 꼭 멀티오르가즘에 도달해야 해. 청결과 안전은 반드시 지키고." 불가능할까?

단연코 불가능하다! 어쩌면 섹스가 스포츠가 되는 날, 섹스를 즐기려는 사람들은 그 육체적 노동의 피로감 때문에 섹스 빈도가 현격히 줄어들지도 모른다. 섹스의 쾌락은 체력적 노동이 아니라 환상과 도덕의 금지로 이루어지기 때문이다. 환상이 과도하고 도덕적 금지가 엄격할 때, 쾌락은 강렬하다.

남자는 포르노를 좋아하고 여자는 로맨스를 좋아한다고 한다. 남녀의 현격한 차이를 강조하는 것이지만, 반드시 그런 것은 아니다. 남자도 로맨스를 좋아하고, 여자도 포르노를 좋아한다. 그러니, 차이보다는 공통점에 주목해야 한다. 로맨스건 포르노건 모두 환상을 기반으로 한다.

에로틱한 포르노와 낭만적 로맨스는 과학이 지배하는 회색빛 근대 문명이 낳은 일란성쌍둥이다. 그것을 지탱하는 것은 판타지다. 근대는 과학이 발전함으로써 종교적 신비의 세계를 없애버렸지만 그 공허를 판타지로 메워놓았다.

| 성관계는 없다

진화심리학은 종족 번식으로 섹스를 이해하지만, 진화심리학이 보지 못하는 것이 바로 이 지점이다. 현대인들의 성적 충동은 단지 생물학적인 본능의 결과일까? 아니다. 성적 충동을 일으키는 판타지가 있다.

현대인들의 성적 충동은 동물적인 충동으로서 생물학적 영역이라기보다는 오히려 판타지가 유발시킨 정신분석학적 욕망이다. 성적 충동이 학습된 환상에 의해서 유발되는 것이지, 성적 충동에 의해서 환상이 구성되는 것은 아니다. 성적 충동은 환상의 결과이지 환상의 원인이 아니다.

지젝은 《How to Read 라캉》에서 라캉의 '성관계는 없다'라는 명제를 설명하면서 흥미로운 광고를 예로 든다. 영국 맥주 광고다. 유명한 동화의 패러디다. 한 소녀가 개울가를 걷다가 개구리 한 마리를 발견하고 무릎 위에 올려놓고 키스를 하자 못생긴 개구리가 멋진 젊은 남자로 변한다. 끝이 아니다. 젊은 남자가 그 소녀와 탐욕스럽게 키스한다. 그러자 소녀가 한 병의 맥주로 변한다.

왜 이 광고가 라캉의 '성관계는 없다'라는 명제와 관련될까?

여자에게서 개구리는 멋진 남자로 변했지만, 남자에게서 여자는 욕망의 대상으로 변한다. 두 남녀의 주체는 서로 사랑의 행위를 하고 있는 듯하지만, 서로 자신의 주관적 환상에 빠져 있다. 소녀는 개구리에 대해 젊은 남자의 환상을 갖고, 남자는 여자에 대해 욕망의 대상인 맥주병이라는 환상을 갖는다.

둘 사이의 사랑 행위 사이에 각자의 환상이 끼어든다. 라캉이 주장하는 '성관계는 없다'는 말의 의미는 실제로 일어나는 성행위의 구조가 살과 피를 지닌 상대와의 실제 행위가 아니라, 환상이 개입하였기 때문에 본래적으로 환상적phantasmic이라는 것이다.

여기서 타자의 육체는 환상의 투사를 위한 스크린일 뿐이다. 서로가 육체적인 섹스 행위를 하고 있지만 각자 환상에 빠져서 각자의 마스터베이션의 쾌락에 빠지는 것이 현실적인 섹스의 모습이다. 라캉이 '성관계는 없다'고 말하는 성관계의 현실이란 각자 환상에 의해서 체험되는 현실이다.

단순하게 말하자면 '성관계는 없다'라는 라캉의 말은 성관계를 하는 두 사람은 사실 판타지에 빠져 각자 자위행위를 하고 있다는 말이다. 이러한 자위행위는 혼자만의 환상에 사로 잡혀 타인으로부터 오는 살 떨리는 감각과 교감하기를 차단하고 포기하는 결과를 낳는다. 무관심한 것이다.

그러나 환상적 요소를 제거한 후 섹스는 가능할까? 섹스는 물론 환상이 아니다. 그러나 환상을 필요로 한다면? 그렇다면 어떤 환상이어야 할까를 물어야 한다. 섹스가 반드시 도덕적일 필요는 없다. 그러나 도덕적일 필요는 없지만 자기만의 환상에 취한 자기도취적 폭력일 수는 없다. 섹스에서 환상의 윤리성은 고민해봐야 할 문제다.

| 살맛을 느끼는 섹스가 필요한 때

섹스는 살맛이다. 살과 살이 접촉해야 살맛을 느낀다. 살맛을 느끼는 섹스는 살아갈 수 있는 살맛을 준다. 섹스는 환상을 매개로 하는 쾌락이지만 그 쾌락의 실제적 내용은 살맛이다. 사는 맛이며 살의 맛이다. 살이라는 피부가 접촉할 때 세포들이 미세하게 느끼는 맛이며 동시에 살아 있다는 떨림을 주는 맛이다.

살은 육체라는 생물학적 살덩어리지만 동시에 존재론적인 살덩어리다. 몸을 감싸는 옷처럼 생물학적 몸 위에 오랫동안 누적된 흔적이 존재론적 살덩어리다. 생물학적 몸에 덕지덕지 쌓인 주름이기도 하다. 존재론적인 살덩어리는 생물학적인 몸이 살아오는 동안 겪었던 삶의 총체적 희로애락喜怒哀樂의 기억이 저장된 주름진 몸이다.

젊은 남녀가 섹스 할 때 옷을 벗는 것을 부끄러워하지 않는 것은 아름다운 몸을 서로에게 드러내고 싶기 때문이다. 그렇다면 나이든 중년이 섹스 할 때 옷을 벗는 것을 부끄러워하는 것은 축 늘어지고 주름진 생물학적 몸을 드러내기 꺼려하는 것일까? 아니다. 감추고 싶은 삶이 고스란히 간직된 주름진 존재론적 살덩어리를 드러내기 꺼려하는 것이다.

나이든 중년이 섹스를 하기 전에 옷을 벗기를 허락하는 이유는 탄력 있는 몸을 자랑하기 위함이 아니라 존재론적 살덩어리인 자신의 삶을 이해해달라는 요청이 아닐까? 이러이러한 삶을 살아왔던 것이 나야. 그다지 아름답지도 추하지도 않지만 나를 이해해줘. 물론이야. 나도 마찬가지야. 상호 이해 속에서 존재론적 살덩어리들은 환상을 불러일으킨다. 그 환상은 상호 교환되어 공유된 환상이기에 서로의 공감 속에서 작동한다. 존재론적 살맛을 느끼는 것이다.

환상의 윤리성이 발생하는 지점은 여기다. 자기만의 환상에 취한 자기도취적 폭력이 아니라 상호 공감과 이해를 바탕으로 공유된 환상이기 때문이다. 주름진 존재론적 몸을 나누는 섹스는 혼자만의 환상에 빠져 자위행위적인 쾌락에 빠지지 않는다.

섹스 할 때 상대의 시선을 의식하며 쾌락을 드러내려고 연기하는 모습은 얼마나 가증스러운가. 쾌락의 핵심은 연기가 아니라 서로 주고받은 자연스러운 몰입이다. 신뢰를 바탕으로 한다. 전적으로 몸을 내맡기면서도, 전적으로 요구하기도 한다. 어떠한 망설임이나 수줍음도 없는 헌신과 요구는 상호 간의 신뢰를 바탕으로 한다. 신뢰는 주름진 존재론적 살덩어리를 느끼는 살맛을 통해 형성된다.

상대가 자신의 존재론적 살덩어리에 대한 이해를 요청하면서 옷을 벗을 때, 그 요청을 수용하며 동시에 자신의 존재론적 살덩어리에 대한 이해를 요청하면서 옷을 벗는 순간, 전적인 신뢰는 형성된다. 전적인 신뢰가 형성되었을 때 이루어지는 환상은 윤리적이다.

섹스가 도덕적일 필요는 없다. 섹스는 환상은 아니지만 환상을 필요로 한다. 상호 이해와 전적인 신뢰를 바탕으로 하는 환상은 윤리적일 수 있다. 믿음이 없다면 전적인 내맡김의 헌신과 쾌락의 도취적인 상호 몰입은 불가능하다.

특정 지역의 소나무는 솔방울이 많이 달린다고 한다. 그 이유는 스트레스와 불안과 관련된다고 한다. 환경오염이 극심해지면 오히려 열매를 많이 맺는다. 동물이나 식물은 모두 위기의식을 느끼면 다산을 한다. 여기에는 엄청난 양의 에너지가 필요하다.

사람에게도 이런 원리가 동일하게 적용되는 것은 아닐까? 나이를 먹으면서 스트레스와 불안이 증가한다. 열매를 많이 맺으려고 한다. 과시와 상품으로 소비되는 섹스는 이런 위기감 속에서 상대는 아랑곳하지 않고 자기 혼자만의 환상에 빠져 자위행위적 섹스에 몰입하는 것인지도 모른다.

그럴 때 성관계는 없다. 여기에 결핍되어 있는 것은 바로 상호 이해와 전적인 신뢰다. 자기만의 환상에 빠진 자위행위적 섹스는 그래서 영원히 채워지지 않는 혼자만의 갈망일 뿐이다. 그래서 외롭다. 더더욱 외로워지는 중년이라면 그래서 혼자만의 자기 위로적인 자위행위보다는 살맛을 느끼는 섹스가 필요하지 않을까?

슬라보예 지젝의 《How to Read 라캉》

향락 사회다. 지금껏 금지되어온 많은 쾌락들까지도 이제 권장된다. 죄가 되지 않는 결백한 향락은 누려야 할 의무이기도 하다. 사이버 섹스, 살이 찌지 않는 음식, 알코올이 없는 술, 니코틴이 없는 담배.

조건이 있다. 지젝의 표현처럼, "모든 것이 허락되고 모든 것을 즐길 수 있다. 단 그것들에게서 위험스러운 요소만 제거한 뒤에." 지젝에 의하면 우리는 자본에 의해 제공된 박제가 된 즐거움을 향유하는 가련한 존재다.

슬라보예 지젝은 철학계의 록스타다. 그만큼 호불호가 갈리면서 현대 철학에서 논란의 중심에 서 있는 인물이다. 대표적인 저작은 《이데올로기의 숭고한 대상》이다. 흥미로운 저작이다. 이 책에서 내가 라캉과 관련해서 주목했던 내용은 이런 것이다. 우리는 자본이 제공하는 쾌락을 향유하고 있지만 그것은 어쩌면 이데올로기라는 허위의식에 빠진 것인지도 모른다.

"이데올로기적인 것은 그 본질에 대한 참여자들의 무지를 통해서만 존재할 수 있는 사회적인 현실이다. 즉 이데올로기의 사회적인 효과와 재생산 자체는 개인들이 자기들이 무엇을 하고 있는지 알지 못하는 것을 함축하고 있다. 이데올로기적인 것은 사회적 존재의 허위의식이 아니라 존재가 허위의식에 의해 유지되는 한에서의 그 존재 자체이다."

일찍이 비트겐슈타인은 "철학은 언어라는 수단을 통해 우리의 지성이 걸려 있는 마법에 대항하는 전투"라고 갈파했다. 이 이상의 정의는 없다. 우리를 속이는 마법에 대한 저항. 지젝의 책 가운데 이런 제목이 있다. 《실재의 사막에 오신 것을 환영합니다Welcome to the Desert of the Real》

우리는 어쩌면 사막과 같은 실재를 외면하고 그 위에 다른 환상의 베일을 투사한다. 그리고 그것을 진짜 현실이라고 믿는다. 환상에 의해 유지되는 현실이다. 우리가 믿는 현실은 그래서 환상에 의해서 지지되고 있는 현실이다. 순수한 현실은 없다.

하지만 그 진짜 현실이라고 믿는 베일이 찢어지는 순간이 온다. 그럴 때 그 틈으로 실재의 사막이 드러난다. 환상에 의해 지지된 현실의 찢어진 틈 사이로 실재가 드러날 때 사람들은 당황한다. 우린 실재를 날것으로 보기를 두려워한다.

얼른 그 틈을 봉합하려는 또 다른 환상을 만들어낸다. 환상이 찢어질 때 사람들은 다른 환상을 원한다. 삶은 물론 환상이 아니다. 그러나 환상을 필요로 한다. 물어야 할 것은 환상에 감추어진 욕망들이다.

무슨 욕망으로 살고 있는지를 아는가? 우리는 자신의 욕망의 실체에 대해서는 침묵하고 있다. 욕망의 실체를 알지도 못하고 허위의식으로서의 이데올로기를 알지 못한 채 행하고 있다면. 그렇다면 물어야 할 것은 이것이다. 침묵했던 그 욕망의 실체다. 지젝은 이렇게 충고한다.

"우리가 이데올로기적인 꿈의 위력을 깨트리는 유일한 방편은 꿈속에서 자신을 예고하는 욕망의 실재와 대면하는 것이다."

一
나쁜 사람은 되고 싶지 않아요

과도한 드러냄과 티 나는 과시와 생색은
언제나 역효과를 가져온다. 어른이 어른 대접을
받으려고 자신을 드러내기보다는 자신을 감추고
사람들의 미덕을 드러내도록 할 때 오히려
자신이 빛나는 것이다.

둘,
우월감

| 꼰대가 꼰대인 이유

나이든 사람들의 행동 가운데 가장 꼴불견은 어떤 것일까? 있는 사람이 죽는 소리하는 것. 실패한 사람이 징징거리는 것. 자신의 공로와 능력을 드러내놓고 티 내는 것. 어른이 어른 대접을 받으려는 것. 이러한 꼴불견의 공통점은 무엇일까? 뭔가 감춰진 의도가 폭로된다는 사실이다.

노자老子의 《도덕경道德經》에는 역설로 가득한 촌철살인의 경구들이 많다. '상덕부덕上德不德'이란 말이 있다.

최상의 덕은 덕이 아니다. 그래서 덕이 있다. 최하의 덕은 덕을 잃지 않으려 한다. 그래서 덕이 없다.〔上德不德, 是以有德. 下德不

失德, 是以無德〕

왜 최고의 덕은 덕이 아닐까? 첫 번째 해석. 최고의 덕은 남의 시선을 의식하여 덕스러운 행위를 보이려고 애쓰지 않는다. 최고의 덕은 덕의 결과와 효과를 먼저 의식하지 않는다. 보답을 바라고 덕스러운 행위를 하지 않는다.

그러나 최하의 덕은 남의 시선을 의식하기 때문에 자신의 덕이 타인에게 덕으로 의식되지 않으면 어떨까를 두려워한다. 남에게 덕이 있는 사람이라는 인상을 잃지 않으려고 노력한다. 덕스런 행위를 보이려고 티를 낸다. 더불어 덕을 베푼 보상을 기대한다.

더욱 중요한 점은 두 번째다. 남의 시선을 의식하지 않는 것보다 더 중요한 것은 자신의 시선을 의식하지 않는 일이다. 최고의 덕은 남을 의식하지 않을 뿐 아니라 자신 스스로 덕이라고 의식하지도 않는다. 자신의 행위가 덕스러운 행위라는 의식과 의도가 없이 행한다.

도드라지거나 특출한 행동이 아니기 때문에 티가 나지 않고 타인들의 이목도 끌지 않는다. 티를 내려는 의도와 욕심내려는 의지가 폭로된 행위는 아무리 덕스러운 행위일지라도 순식간에 악덕으로 변모한다. 한비자韓非子가 《한비자》〈해노解老〉 편에서 이 구절을 해석하는 것이 바로 이 지점이다.

상덕부덕이란 말은 정신이 외부의 시선을 의식해 흔들리지 않는 것을 말한다. 정신이 외부의 시선을 의식해서 흔들리지 않으면 그 몸이 완전하게 된다. 이것을 덕이라 한다. 덕이란 몸에서 완전하게 터득한 것이다. 〔上德不德, 言其神不淫於外也. 神不淫於外, 則身全. 身全之謂得. 得者, 得身也〕

덕을 몸에서 터득하지 못한 어른들은 항시 자신의 도덕성을 드러내려는 의도와 도덕을 행하려는 의지로 가득하다. 언제나 티를 낸다. 자기 손에는 절대로 똥을 묻히지 않으려는 어른들이다. 똥이 자신의 몸에 묻는다면 자신의 도덕에 흠집이 나기 때문이다.

이전투구泥田鬪狗의 이해득실 다툼에 휘둘리지 않으면서 언제나 자신만의 도덕적 원칙을 고집하며 고상함을 지키려 한다. 대체로 이런 사람은 항시 아랫사람들의 의견을 경청하는 듯한 태도를 취한다.

점잖게 미소를 지으며 "어떻게 생각하는지 자유롭게 말씀해보세요"라고 하지만 이미 그의 마음속에는 도덕적으로 올바른 결론이 마련되어 있다. 그것을 바꿀 생각은 없다. 사람들의 의견을 자신이 내린 올바른 결론으로 몰고 갈 궁리만 있다. 궁지에 몰리면 나이와 권위로 밀어붙인다. 결국에는 감춰진 의도가 폭로된다.

그들이 상대에게 의도하는 바는 자명하다. 충성심 가득한 복종이다. 어른 대접은 옆구리 찔러 받으려고 해서 받아지는 것이 아니다. 나는 그렇게 살아오지 않았다는 말로 자신의 위엄을 드러내는 과시는 오히려 그렇게 살아온 날들의 공로를 빛바래게 할 뿐이다. 충성심이 있다가도 떨어져나가게 마련이다. 티가 나는 꼴불견이기 때문이다.

| 도덕가 보다는 전략가가 낫다

송양지인宋襄之仁이라는 말이 있다. 춘추시대 제후 가운데 송나라 양공襄公이란 사람의 일화다.

양공은 맹주를 꿈꾸는 야심을 가진 인물이었다. 수적으로 우세한 초나라와 싸우는 것이 불가능하다는 신하의 충고에도 인의仁義의 군대라는 명분을 내세워 양공은 전쟁을 감행한다. 양공은 적을 공격할 기회라는 신하의 충고에도 인의를 내세워 공격하지 않았다. 군자는 상대의 약점을 노리지 않고 전열이 갖추어지지 않은 적군을 치지 않기 때문이다. 그것이 군례軍禮다. 결국 양공은 초나라 군대가 전열을 정비한 뒤에 공격했지만 크게 패하고 양공도 부상을 당하고 결국 죽게 된다.

춘추 말기부터 전국시대에는 이런 군례를 지키는 전쟁이 불가능해졌다. 전쟁이 거대해지고 다양한 무기와 기술, 전략들이 생겨났기 때문이다. 시대적 조건이 바뀐 것이다. 양공의 문제는 이런 시대적 변화를 읽지 못한 채 정치적 야심과 도덕적 원칙만을 고집했다는 점이다.

지도자가 무모하게 신념만을 고집하고 고상하게 야심과 허세를 부리면서 도덕적 명예를 고집한다면 주변 사람들은 해를 입을 수도 있다. 한비자는 양공의 행동을 이렇게 평가한다.

이것은 바로 자신이 의식한 인의仁義만을 흠모한 데서 오는 재앙이다. 〔此乃慕自仁義之禍〕

한비자의 이 말에는 시세의 흐름과 상황의 변화를 제대로 파악하지 못하고 자신이 의식한 인의라는 대의명분만 들먹이는 도덕가들에 대한 비웃음이 담겨 있다. 주변 정황에 대해 무감각한 고집이다. 양공과 같은 섣부른 동정을 인의라고 착각해서는 안 된다는 말이다.

현실적 상황을 무시한 채 도덕적 믿음만을 고집하고 강제하려고 한다면 현실적 상황에 맞지도 않는 방도를 고집해 문제를 그르칠 수도 있다. 자신이 옳다는 도덕적 우월감은 현실에서는 어쩌면 쓸모가 없는지 모른다. 세勢을 알지 못하거나 세가 없다면 무기력하기 때문이다. 관건은 세다.

현실적인 이권 다툼에 무관심하며 무시하는 도덕가들은 어쩌면 현실의 문제를 어떤 방식으로든지 해결하려는 의지도 역량도 없는 것인지도 모른다. 오히려 이해득실을 따지는 사람들을 천박하다고 욕한다. 이권 다툼에 무관심한 것은 다툼을 해결할 의지가 없다는 점에서 위선적이고 해결할 역량이 없다는 점에서 무능력하다.

이권 다툼이나 권력 투쟁은 추잡하기 때문에 외면해야 할 것은 아니다. 이권과 권력은 추악한 괴물이지만 추악한 사람들에게 뺏겨서도 안 되는 괴물이다. 권세와 이득을 쫓아 아첨하는 사람들과 그들이 행하는 불의가 혐오스러운 것이지 권력과 이득 자체가 혐오스러운 것은 아니다.

때문에 이권 다툼이나 권력 투쟁에 무관심한 도덕가보다는 이권과 권력을 도덕적으로 잘 다루는 전략가가 훨씬 더 낫다. 권력에 무관심한 도덕가는 혼자만의 도덕적 명예는 지킬 수 있지만, 이권과 권력을 도덕적으로 잘 다루는 전략가는 합리적인 이득과 도덕적인 권력을 놓치지 않기 때문이다.

현실적인 조건을 무시하거나 시대적인 상황이 변했다는 사실을 간과한 채 도덕적 우월감만을 가지고 "그때 난 했는데 지금 넌 왜 못해?" 하고 충고하는 것 자체가 폭력이다. 현실적 조건으로는 도저히 감당하지 못할 도덕을 강제하는 것도 마찬가지다. 그때는 그때이고 지금은 지금이다. 현실적인 조건과 구조가 변한 것이다. 한비자는 《한비자》 〈오두五蠹〉 편에서 이렇게 말한다.

그래서 옛 사람들이 재물을 가볍게 여긴 것은 인仁하기 때문이 아니라 재물이 넉넉했기 때문이다. 요즘 사람들이 다투어 빼앗는 것은 그들이 야비해서가 아니라 재물이 적기 때문이다.

천자의 자리를 사양한 것은 그들이 고상해서가 아니라 그 권세가 약했기 때문이다. 벼슬 자리를 두고 다투는 것은 그들이 천박해서가 아니라 이권이 중요하기 때문이다. [是以古之易財, 非仁也, 財多也. 今之爭奪, 非鄙也, 財寡也. 輕辭天子, 非高也, 勢薄也. 重爭土橐, 非下也, 權重也]

한비자를 흔히 마키아벨리즘과 같은 권모술수의 정치를 주장한 사람으로 이해한다. 그것이 근본적인 문제가 아니다. 한비자에게 중요한 것은 객관적인 구조와 형세를 이용하여 합리적인 이권을 수행하는 것이고, 현실적인 조건을 따라서 합리적인 권력을 행사하는 것이다. 합리적 시스템을 강조했다.

'인간이 어떻게 사는가'라는 현실은 '인간이 어떻게 살아야 하는가'라는 이상과는 다르다. 그래서 현실을 살아가는 어른이라면 마땅히 해야만 하는 것만을 고집만 할 것이 아니라 마땅히 해야만 할 것을 하지 못하는 현실적 조건을 먼저 이해해야 한다.

| 나쁜 사람 되기를 두려워하지 않는 용기

좋은 의도가 최악의 결과를 만드는 것은 비극이다. 미덕과 악덕의 경계는 모호하다. 겉으로는 순진한 미덕처럼 보이지만 결과적으로 현실에서는 미련한 옹고집이 될 수도 있고, 겉으로는 교활한 악덕처럼 보이지만 현실에서 문제를 해결할 수 있는 유연

한 지혜일 수도 있다. 한비자는 《한비자》〈관행觀行〉 편에서 이렇게 말한다.

> 가능한 형세에 따라서 쉬운 방도를 찾는다. 그래서 힘을 적게
> 들이고서도 공과 명예를 이룬다.〔因可勢. 求易道. 故用力寡而功名
> 立〕

힘든 도덕성을 버리고 손쉬운 효율성을 찾자는 말이 아니다. 현실에 무감각하면서 무책임하게 자신의 도덕적 우월성만을 고집하거나 강제하지 말자는 것이다. 간편한 효율성이 아니라 합리적인 효과를 이루자는 말이다.

'따라서'라고 번역한 '인因'은 현실적 조건과 원리를 따르는 것이고 유리하게 이용하는 것이다. 현실적으로 행하라는 말은 현실 순응적인 사람이 되라는 것이 아니다. 자신이 처한 현실을 무시하지 말고, 냉정하게 인정하고 그 현실적 조건 속에서 합리적인 효과와 최선의 방도를 찾아야 한다는 말이다.

형세를 무시하는 태도는 독선적인 오만에서 나온다. 그것을 상황적 맥락에 대한 불감증이라고 할 수 있다. 아무리 훌륭한 도덕적 판단과 언설일지라도 그것이 표현되는 맥락에 대해서 예민하게 반응하지 못할 경우 문제가 발생할 수 있다. 눈치 없는 어른만큼 답답한 일은 없다. 맥락에 대한 불감증에는 냉소와 혐오가 깔려 있다.

광화문에서 단식하는 세월호 유가족 앞에서 폭식 퍼포먼스를 벌인 사람들은 자신들의 주장과 행동이 표현되는 상황에 대해 무감각할 뿐이다. 그들이 의식하고 있는 도덕적 우월감은 유가족들의 슬픔을 아무것도 아닌 것으로 무효화시키고, 유가족들의 가치를 무가치한 것으로 만드는 폭력일 뿐이다. 자신이 의식하는 도덕적 가치를 주장하기 전에 먼저 상황적 맥락에 대한 불감증을 경계해야 하는 이유다.

오히려 상황적 맥락에 예민하지 못한 독선적 오만은 자신감이 결여된 경우가 많다. 자기 믿음이 없으면 없을수록 그들의 도덕적 우월성을 기어코 드러낸다. 존경을 표하지 않으면 배은망덕한 놈이라고 욕하기 일쑤다. 어른들을 존경하지 않는 젊은이들의 부도덕을 욕하는 것 같지만, 실은 자신의 공로와 수고를 알아주지 않는 젊은이들이 더 괘씸한 것이다.

미덕의 핵심은 베풂이다. 그렇다면 악덕의 핵심은 무엇일까? 모든 독점은 악덕이다. 사람들은 돈이건 음식이건 물건을 독차지하는 사람을 미워한다. 좋은 것만을 혼자 독차지하는 사람은 어떤 사람인가? 나쁜 사람이다. 독점하는 사람이기 때문이다.

그렇다면 좋은 미덕을 혼자 독차지 하려는 사람은 어떤 사람인가? 나쁜 사람이라고 해야 한다. 혼자 좋은 미덕과 좋은 명예를 독점하려고 많은 사람들을 불명예와 악덕과 상처로 내모는 고집은 미덕이 아니라 악덕이다. 어떤 것이든 독점은 악덕이다.

이렇게 도덕을 독점하려는 사람은 고정된 도덕적 이미지를 잃지 않으려고 안간힘을 쓴다. 도덕가라는 인상을 잃지 않을까 고심한다. 그런 만큼 자신의 도덕적 우월성을 증명하기 위해 쉽게 분노한다. 자신의 도덕적 우월성이 상처받을 때 흥분하는 것이다.

이러한 과도한 드러냄과 티 나는 과시와 생색은 언제나 역효과를 가져온다. 어른이 어른 대접을 받으려고 자신을 드러내기보다는 자신을 감추고 사람들의 미덕을 드러내도록 할 때 오히려 자신이 빛난다. 노자는 이런 인간의 심리를 정확히 간파했다.

공로를 이루었다고 해서 그 공로를 자신의 것으로 자랑하지 말라. 오직 자랑하지 않기 때문에 사람들이 그 공로를 잊지 않는다. 〔功成而弗居, 夫唯弗居, 是以不去〕

—《도덕경》중에서

그러므로 칸트의 어투를 빌려 이런 정언명제가 가능하다. 나 혼자만 좋은 사람이 되도록 행위 하지 말고 다른 사람이 좋은 사람이 될 수 있도록 행위 하라. 자신이 나쁜 사람이 될지라도 개의치 말고.

《한비자》

마트에 가면 제일 먼저 찾는 것은? 카트다. 카트는 100원짜리 동전을 넣어야 사용이 가능하다. 그리고 다 쓴 후에 카트를 제자리에 가져다 놓으면 100원짜리 동전을 다시 돌려받는다. 당연한 일이지만 이 행위의 숨겨진 의미를 묻는 사람은 없다.

100원짜리 동전을 넣는 장치는 단순한 시스템이지만 카트 사용을 조정하고 마트의 질서를 유지하는 데에 효과적이다. 그리고 고객의 행위를 유도한다. 하지만 마트 사장이 나의 행위를 유도한다는 점을 의식했을 때 뭔가 기분이 찝찝하다. 뭔가 이용당하고 있다는 묘한 기분이 드는 것은 나만의 느낌이었을까?

이러한 장치에 전제된 생각은 무엇일까. 마트 사장이 고객을 믿지 못하는 것은 아닐까? 고객들이 카트를 쓰고 제자리에 놓지 않을 잠재적 범죄자라고 판단한 것은 아닐까?

그래서 카트에 100원짜리 동전을 이용해 고객이 의식하지 못하게 유도해서 카트를 쓰고 제자리에 갖다놓게 한 것이다. 의식하지 못하게 하는 이유는 자신의 불신을 드러내면 고객이 기분 나빠할 것까지도 잘 알고 있기 때문이다. 100원짜리 돈에 대한 사소한 집착과 이기적인 심리를 이용해 마트의 질서를 유지시키려 한 것이다.

정말 기분이 나쁜 일일까? 마트의 질서를 유지하기 위해서 법가인 한비자와는 달리 유가인 맹자孟子는 어떻게 했을까? 고객의 도덕심에 호소했을 것이다. 여러 가지 캠페인을 벌이면서 소비자들에게 카트를 질서 있게 사용하는 방식을 계몽한다. 그래서 고객들이 카트를 무질서하게 이용하지 않고 제자리에 두도록 질서 의식을 갖게 해 스스로 행위 하도록 한다. 도덕적 자율성을 고양하는 것이다. 일명 교화教化다.

어느 것이 더 효과적일까? 당연히 100원짜리 동전을 넣는 장치가 효과적이다. 맹자식으로 교화했다고 고분하게 말 잘 듣는 고객은 많지 않을 것이다. 인간의 이기적이고 부정적인 심리일지라도 효과적으로 이용한 장치가 고객을 움직이게 만든다.

이 시대에 《한비자》를 주목해야 하는 이유는 말을 듣지 않는다고 해서 엄벌을 내려 개인의 몸에 공포의 흔적을 남기는 형벌 제도나 말을 잘 듣도록 호사스럽게 상을 내리는 제도가 아니다. 교활하게 신하들을 조정하고 이용하는 군주의 통치술도 아니다.

《한비자》에게서 주목해야 할 개념은 이理다. 왜냐하면 사회에 합당한 합리적인 정치이며 합리적인 장치들에 대한 근거이기 때문이다. 인간의 자연스런 본성과 이치에 따라서 스스로 행할 수 있게 만드는 사회적 환경과 장치들을 먼저 조성하는 것이다. 그런 사회적 환경과 제도를 통해서 인간의 삶은 증진되고 행복해질 수 있다.

아내와 말이 통하지 않아요

나쁜 아내나 나쁜 남편은 없다. 나쁜 아내나 나쁜 남편을 만드는 남편과 아내가 있을 뿐이다. 통하지 않는 진실을 서로 고집할 뿐 자신의 진실을 타인에게 전달하려는 사소한 행위를 실행할 의지조차 없기 때문이다.

셋,
진실

| 믿음은 행동을 통해 드러난다

아내와의 다툼이 잦아지는 나이다. 사소한 말다툼이지만 사소함에 묻어 있는 시간의 깊이는 헤아릴 수 없다. 신혼부부와는 달리 중년 부부의 삶은 함께 살아온 시간만큼이나 심오한 깊이가 있다. 부부 싸움의 원인 가운데 1위는 무엇일까? 심오한 깊이만큼이나 심오한 원인이 있지 않을까? 찾아보았더니 심오한 원인은커녕 단순하다. 싸가지 없는 말투란다.

흔한 농담이 있다. 남편이 소파에 누워 리모컨으로 채널을 이리저리 돌리며 텔레비전을 보고 있다. 설거지하던 아내는 한심한 듯이 묻는다. "텔레비전에 뭐 있어?" 남편이 대답한다. "먼지." 부부 싸움이 시작된다. 객관적 사실을 말했는데 사실에 담긴 주관적 진실을 간파했기 때문이다. 더불어 사소한 한 마디 말이지만 그 한 마디 말 때문에 수많은 시간을 견뎌온 인고의 상처가 터졌기 때문이다.

이 부부 싸움은 어떻게 진행될까? 결국에 사랑은 언제나 확인이 필요한 법. 남편의 싸가지 없는 말투와 행동에 화가 난 아내가 남편에게 따진다. "정말 날 사랑하는 거야?" 남편의 대답은? "물론이지, 당연히 난 당신을 진정으로 사랑하고 있어."

아내는 그 말을 믿고 좋아할까? 천만에! 오히려 이렇게 반문할 것이다. "그렇게 진정으로 사랑한다는 사람이 그렇게밖에 행동을 못해!" 화가 난 남편이 말한다. "그래, 내가 왜 널 사랑하겠니?" 아내는 어이없는 표정으로 쏘아붙인다. "그럴 줄 알았어!"

어쩌란 말인가? 지젝의 농담은 귀 기울여볼 만하다. 지젝은 《이데올로기의 숭고한 대상》에서 믿음의 객관성 문제를 제기하며 이런 농담을 한다. 자신을 옥수수라고 생각했던 사람에 대한 이야기다.

정신병원에서 그는 치료되었다. 그가 자신이 옥수수가 아니라 사람이라는 것을 알았기 때문에 퇴원한다. 그러나 얼마 후 그가 다시 돌아와 이렇게 말한다. "암탉 한 마리를 만났는데, 그게 날 물까봐 무서웠습니다." 의사가 이렇게 말한다. "하지만 뭐가 무섭다는 거지요? 이제 당신은 당신이 옥수수가 아니라 사람이라는 것을 알고 있잖아요." 그가 이렇게 대답한다.

"물론 그렇지요. 나는 그것을 알고 있어요. 하지만 닭도 내가 더 이상 옥수수가 아니라는 사실을 알고 있을까요?"

내가 아내를 사랑한다는 것을 나는 알고 있지만 나의 아내는 알고 있을까? 옥수수라고 인지된 사람은 닭에게 어떻게 자신이 사람임을 증명할 수 있을까? 자신이 옥수수가 아니라 사람이라는 주관적 믿음만 갖고 있다면 닭에게 사람임을 증명할 수 없다. 그런 믿음을 가지고 사람처럼 행동해야 한다.

사람처럼 행동해야 한다는 것이 중요하다. 믿음은 마음속에 있는 것이 아니라 행동을 통해 드러나며 그것을 타인이 공감하면서 인정할 때 성립하기 때문이다. 믿음은 주관성 안에 갇혀 그 믿음의 강도를 증명하는 것이 아니라 객관적으로 드러날 때 증명된다.

억지로 강변하면서 고백하는 진실이란 자신을 인정받지 못한 자가 스스로의 실패를 위안하기 위해 내세운 가상의 위로점이다. 그래서 스스로의 거짓이 드러나 타인들로부터 비난을 받았을 때, 그 거짓을 인정하기 싫어하는 강고한 고집이며, 비난하는 타인들을 다시 증오하기 위해 설정한 스스로만의 가치인지도 모른다. 문제는 진실을 고백한 이후다.

사실과 진리는 다르다. 더욱이 사실과 진실은 다를 뿐 아니라 진리와 진실도 다르다. 진리란 객관적 사실과 주관적 인식과 일치할 때 성립한다. 논리학에서 말하는 진리치는 참과 거짓으로 구성된다. 영어로는 트루스truth와 폴스false다. 모든 명제에는 진리치가 있다. 그 명제의 내용이 사실과 일치하면 그 명제는 참이고 일치하지 않으면 거짓이다.

하지만 인생은 논리학의 진리치나 형식 논리의 정합성에 따라 이루어지지는 않는다. 인생의 진실은 참과 거짓이라는 진리치로 따질 수 없다. 진리는 객관적이기에 단 하나다. A이면서 A가 아니라면 모순일 수밖에 없다. 그러나 진실은 단 하나가 아니며 A이면서 동시에 A가 아닌 형태로 드러날 수도 있기에 모순될 수도 있다.

그래서 진리와 진실은 구별되어야 한다. 진리는 객관적 사실과 관계하는 어떤 대상과 관련된 말이다. 그래서 진리란 객관적 사실과 자신의 관념의 일치에 따라서 발견된다. 우리가 잘못 알고 있다고 해도 진리는 변하지 않는다. 단지 잘못 알고 있을 뿐이다.

진리가 발견되었는데 사람이 믿지 않는다면 진리는 거짓이 될까? 아니다. 사람들이 믿지 않더라도 진리는 진리일 뿐이다. 갈릴레오가 법정에서 "그래도 지구는 돈다"고 말하며 걸어 나온 일을 비난할 수 없다. 그래도 지구는 도니까. 인간과 무관하게 진리는 진리로써 돌아간다.

그러나 진실은 진리처럼 있는 사실이 발견되는 것이 아니라 타인과의 관계 속에서 형성된다. 진리가 대상과 관련되지만, 진실이란 그 대상을 둘러싼 사람들과의 관계를 포함하기 때문이다. 진실은 마음속에만 있는 내면적 진정성의 차원도 아니고 사실의 객관성의 차원도 아니다. 타인과의 관계에서 형성되는 이해와 소통의 맥락 속에 있으며 사람들과 함께 만들어나가는 믿음의 과정 속에 있다.

결국 진실이란 마음속에 있는 견고한 믿음이 아니라 타인과 함께하는 상호적 소통과 신뢰 형성의 과정이다. 그러므로 진실은 주관적이면서 동시에 객관적이다. 그래서 이런 명제가 가능하다. 진실이란 객관적 사실에 대한 주관적 앎이나 믿음도 아니고, 내면의 진정성에 대한 스스로의 강고한 믿음도 아니다. 오히려 내면의 진정성을 드러내어 타인이 믿을 수 있게 만드는 과정이다.

진리의 반대말은 거짓이겠지만, 진실의 반대말은 거짓이 아니라 참과 거짓을 고집하는 자기기만인지도 모른다. 인간은 자기를 기만할 정도로 나약하다. 그러나 그것을 인정할 정도로 위대하다. 진실은 혼자만의 고집으로 강변할 수 없다. 마음속의 진정성 타령만 한다고 해서 진실이 증명되는 것은 아니다.

진실은 트루스truth라기보다는 진정성으로 번역하는 '어센티시티authenticity'에 가깝다. 어센티시티는 작가를 뜻하는 '어서author'와 권위를 뜻하는 '어서리티authority'와 관련된다. 어센티시티라는 진정성은 작가처럼 작품을 만들어나가는 창조적 과정을 거쳐 사람들로부터 인정을 받아서 권위를 형성하는 것이다. 그러므로 인생이라는 원고지에 진실한 이야기를 만들어서 타인에게 감동시킬 수 있는 권위를 가진 창조자를 의미하기도 한다.

그러므로 진정성이란 내면과 외면의 차이가 없어지는 지점에서 생겨난다. 창조자의 내면에 있는 아이디어가 외면에 있는 독자의 가슴에 전달되는 것과 같다. 거기에는 진실한 이야기를 만들어내는 정성스런 노동의 과정이 들어 있다. 창조자가 독자를 감동시키기 위해서 노동을 투입해 예술 작품을 만들지 않는다면 창조자의 머릿속에 있는 위대한 아이디어도 한낱 꿈에 불과할 뿐이다.

| 타인의 마음을 움직이는 방법

《중용中庸》에는 이런 말이 있다.

성誠 그 자체는 하늘의 도이지만, 성誠해지려고 애쓰는 것은 인간의 도리이다. 성誠 그 자체는 힘쓰지 않아도 들어맞으며, 생각하지 않아도 얻어지며, 마음 편히 하는데도 도에 들어맞으니, 이것이 성인의 경지다. 그러나 성誠해지려고 애쓰는 것은 선을 택하여 굳게 지킬 수 있도록 성실해지는 것이다. 〔誠者, 天之道也. 誠之者, 人之道也. 誠者, 不勉而中, 不思而得, 從容中道, 聖人也.

誠之者, 擇善而固執之者也]

《중용》에서 말하는 '성誠'이 바로 진정성으로서 진실을 의미한다. 진실함을 말한다. 그러나 단지 마음속에 있는 진실만을 의미하지 않는다. 지금 우리는 성실誠實이나 정성精誠이라는 말을 한다. 모두 '성'과 관련된 말이다. 진실이란 내면에 간직한 어떤 마음의 상태가 아니라 성실하고 정성스럽게 수행되어 타인에게 전달되어 형성되는 공감의 믿음이다.

'성 그 자체'와 '성해지려고 애쓰는 것'의 구별이 중요하다. '성 그 자체'는 성인聖人의 이야기이고 '성해지려고 애쓰는 것'이 우리들의 이야기다. 그러므로 성인이 아닌 우리가 애써야 할 것에 대해 《중용》은 이렇게 말한다.

그다음으로 힘써야 할 것은 사소한 것에 이르기까지 모두 곡진하게 정성을 다하는 것이다. 사소한 일에 정성을 들이면 진실하게 된다. 진실하려고 정성을 다하면 진심이 형성되고, 진심이 형성되면 드러나고, 드러나면 마음에서 분명하게 되고, 분명하게 되면 마음이 움직이고, 마음이 움직이면 행동이 변하고, 행동이 변화하면 타인을 감화시킬 수 있으니, 오직 천하天下에 지극히 성실한 사람이어야 타인을 감화시킬 수 있다.
〔其次, 致曲. 曲能有誠. 誠則形. 形則著, 著則明, 明則動, 動則變, 變則化. 唯天下至誠, 爲能化〕

이 세상에 기적이 없지는 않다. 기적은 항시 일어나지만 우리가 그것을 보지 못할 뿐이다. 기적 가운데 가장 신비한 기적은 타인의 마음을 움직이는 것이다. 감동과 감화다. 감동받아서 삶 자체가 변화한다.

이 성誠을 인간이 이루어야만 할 이상으로 강조한 사람이 주희가 도학道學의 시발점이라고 평가했던 북송北宋 시대의 주돈이周惇頤, 1017~1073다. 주돈이의 저작인 《통서通書》는 이 진실함의 소통에 관한 책이다.

서양철학에서 데카르트는 인간을 이성적 주체라고 선언했다. 중국철학에서는 인간을 어떤 존재라고 선언했을까? 누구나 성인聖人이 될 수 있는 존재라고 선언하면서 출발했다. 어떻게 성인이 될 수 있는가? 주렴계에 의하면 성인은 배움을 통해서 가능하다. 그리고 성인의 본질은 성誠에 있다.

인간은 누구나 성誠을 배움으로써 성인에 도달할 수 있다. 이러한 관점은 그 시대적 맥락에서 보자면 혁명적인 발상이었다. 기존의 성인은 타고난 사람이거나 정치권력과 관련된 왕王이거나, 문명을 창조한 천재거나, 문화를 완벽하게 습득한 박학다식한 사람이었다. 주렴계는 권력이나 문명의 창조나 해박한 지식과는 무관한 성인을 말한다.

성인聖人의 성聖스러움이 성誠이고 그것이 인간의 본성本性이다. 그리고 그 본성을 온전히 이루어낸 사람이 성인成人이다. 그래서 성聖은 성誠이고 성性이다. 결국 성인聖人은 인간의 본성을 이루어낸 성인成人일 뿐이다. 성인成人이란 인간됨을 이룬 사람이다.

중국의 이상적 인간은 이성적 인간이 아니라 진실한 성인成人이 되는 것이었다. 진실은 고집하며 강변하는 것이 아니라 성실과 정성으로 애써서 타인에게 통通하게 하는 것이다. 주렴계의 《통서》라는 책의 제목은 바로 이 진실의 통通함에 관한 책이다.

프랑스의 철학자 장 폴 사르트르는 타인은 지옥이라고 말했다. 타인은 절대적인 의미에서 지옥이 아니다. 상대적인 의미에서 지옥이다. 타인이 지옥이라면 타인을 지옥으로 만든 자신이 있기 때문이다. 타인을 지옥으로까지 만든 사람도 지옥의 공범이다.

나쁜 아내나 나쁜 남편은 없다. 나쁜 아내나 나쁜 남편을 만드는 남편과 아내가 있을 뿐이다. 통하지 않는 진실을 서로 고집할 뿐 자신의 진실을 타인에게 전달하려는 사소한 행위를 실행할 의지조차 없기 때문이다.

의지조차 없는 이유는 자신의 진실에 대한 스스로의 믿음이 굳건하지 못하기 때문이다. 초조함과 조바심은 거기서 나온다. 조급해하고 성급해져서 안달이 난 조바심은 자신에 대한 불신으로부터 나온다. 자기 자신도 믿지 못하는 자신의 진실을 어떻게 타인에게 믿도록 할 수 있을 것인가? 초조한 진실은 고집을 부릴 뿐이다.

그러므로 나이를 먹을 만큼 먹은 자가 여전히 징징대며 진정성 타령만 하고 있다면 자신을 옥수수로 인지한 닭을 무서워하며 정신병원으로 돌아온 정신병자와 다를 것이 없다. 닭에게 다가가 자신이 사람임을 믿을 수 있도록 사람처럼 행동해야만 한다. 초조하거나 조급해하지 않고 오랜 시간의 정성과 성실이 담긴 애씀이 없다면 언제까지 겁을 먹는 옥수수로 남을 수밖에 없다.

고전
읽기

《통서》

왜 유학자들은 예술가들을 '쟁이'라고 폄하했을까? 유학자들에게 화가는 환쟁이였고 소설가는 글쟁이였고 음악가는 풍각쟁이였고 배우는 딴따라였다. 예기藝氣 넘치는 일체 직업은 비루하고 천박하여 해서는 아니 될 짓거리쯤이었다. 예술을 폄하하는 그들의 논리는 무엇일까?

철학자 미셸 푸코는 말년에 삶을 어떻게 꾸며나갈 것인가라는 문제에 골몰했다고 한다. 그리스인이나 로마인들의 성윤리나 자기수양 등의 자기 테크놀로지라는 주제를 다룬 것도 이유가 없지 않다. 주체가 자신의 실존 방식을 창안해내는 방식을 탐색한 것이다. 이것을 푸코는 '실존 미학Esthétiquede L'existence'이라 불렀다.

너 자신을 알라고 했듯이 단지 주체가 자기 자신을 인식하는 것이 중요한 것이 아니다. 오히려 우리의 삶을 창조하는 예술적 주체로서 자기 자신과 자신의 삶을 만들어내는 일이 더욱 중요한 문제였다. 윤리적이고 미학적인 실천의 문제다.

푸코에게는 미안한 말이지만 이러한 실존 미적 문제는 중국철학에서 상식이다. 중국철학의 핵심적 문제인 수양론修養論은 자기 자신과 자신의 삶을 창조해내는 자기 테크놀로지의 일종이다. 유학자들이 예술을 폄하했던 이유와 무관하지 않다.

가을날 비갠 뒤의 하늘은 청명하다. 그런 가을 하늘과 같은 사람이 있다. 북송 시대의 주돈이다. 자는 무숙茂叔 호는 염계濂溪. 북송 시대의 시인인 황정견黃庭堅은 주돈이를 이렇게 칭송했다.

"그 사람됨이 고결하고 가슴속이 맑고 깨끗하기가 마치 비갠 뒤의 맑은 바람이나 밝은 달과 같다."〔其人品甚高, 胸懷灑落, 如光風霽月〕

광풍제월光風霽月로 유명하다. 우리나라 곳곳에 있는 정자나 누각 혹은 사원에는 이 광풍제월과 관련된 액자들이 즐비하다. 모두 주돈이의 사람됨을 흠모했기 때문이다. 대표적으로 전라남도 담양에 있는 조선시대의 정원인 소쇄원瀟灑園이 압권이다. 소쇄원은 계절마다 느낌이 다르지만 가을이 무르익을 즈음 가야 할 곳이다.

주희는 주돈이를 도학道學의 시초로 평가한다. 서양의 근대는 이성적 인간을 추구했지만 중국의 근대는 진실한 인간을 추구했다고 할 수 있다. 그 진실함이란 '성誠'을 말한다. 성실하고 정성되고 진실한 사람. 《통서》의 주제는 성인聖人이지만 그 핵심은 진실함에 있다.

첫 문장에서부터 "진실함이란 성인의 근본이다〔誠者, 聖人之本〕"라고 선언한다. 이 '성誠'이 인간의 모든 덕德과 행위의 근본이다. 진실함을 삶 속에 실현하는 일은 그 어떤 예술적 성취보다 아름다운 일이다. 주돈이는 〈비루함陋〉이라는 장에서 이렇게 말한다.

"성인의 도는 귀로 들어 마음에 보존되니 이를 온축하면 덕행이 되고 행하면 사업이 된다. 그것을 글과 말로만 표현하는 자는 비루하다"〔聖人之道, 入乎耳, 存乎心, 蘊之爲德行, 行之爲事業. 彼以文辭而已者, 陋矣〕

주돈이가 보기에 글과 말로만 성인의 도를 표현하는 일은 비루한 일이다. 마찬가지다. 예술가를 폄하했던 이유는 그러한 노력과 애씀을, 삶 그 자체를 예술적으로 만드는 일에 쏟아부어야 하기 때문이다. 예술적 창조란 삶의 창조에 비한다면 비루한 일일 뿐이다.

—
희
망
이

보
이
지

않
아
요

우울증에 걸린 중년에게는
자기기만적일지라도 약은 필요하다.
강조되어야 할 것이 있다.
그 이전에 먼저 자기기만적인 희망을
일어나게 한 사막과 같은 현실을 회피하지 말고
직시해야 한다는 점이다.

넷,

자기기만

| 40대의 하늘은 스산한 가을처럼 처량하다

어린 딸과 놀다보면 뜻하지 않은 상황과 마주한다. 놀이를 하다가 딸이 "비가 오네, 우산을 써야지" 한다. 나는 창문을 내다보았다. 비는 내리지 않는다. "비가 안 오는데?" 하고 쓸데없는 말을 하고야 만다. 딸이 "아니, 가짜로"라고 한다. 아! 나는 비가 내리는 것처럼 우산을 펴는 시늉을 한다. 이제 거실은 거실이 아니라, 비가 내리는 거리로 변한다. 우산을 쓰고 걷는 딸의 얼굴이 의기양양하다.

딸과 함께 보는 어린이 동화책 가운데《이건 상자가 아니야》가 있다. 상자를 가지고 노는 아이의 이야기다. 상자가 자동차가 되기도 하고 높은 산이 되기도 하고 우주선이 되기도 한다. 그러면서 끝끝내 어린아이가 이건 상자가 아니라니깐, 하고 우기면서 상자를 가지고 하나의 세계를 창조하며 노는 이야기이다. 흥미진진하지 않은가?

이런 놀이는 단지 아이들만의 놀이가 아니다. 어른들도 자기만의 믿음 속에서 이것은 상자가 아니라니깐, 하고 끝끝내 우기면서 놀고 있는 것은 아닐까? 어린아이의 놀이는 놀이일 뿐이지만, 어른들이 부리는 이러한 고집과 믿음은 자기기만이다.

나이를 먹어도 변하지 않는 것이 있다면, 그것은 이렇게 자기를 정당화하고 자기를 합리화하며, 혹은 자기를 과도하게 오인하며, 자기 고집과 편견과 환상 속에 산다는 점이다. 그렇지 않다면 세상을 견디기 힘들기도 하며, 또 그렇게 하지 않는다면 자신의 나약함을 감당하기 힘들기 때문이다. 세상을 견디기 위해서, 자신을 감당하며 살아가기 위해서, 가련한 안락을 유지하기 위해서, 우리는 어쩌면 의식적이든 무의식적이든 어떤 방식으로든지 자기를 기만하며 살아가고 있는 것은 아닌지.

블루라는 색은 독특하다. 블루는 이중적이다. 희망이라는 긍정적 색채와 우울이라는 부정적 색채를 모두 가지고 있다. 그런 점에서 도시에 사는 현대인에게 어울리는 색깔이다. 항상 희망에 차 성공을 꿈꾸지만 동시에 마음속엔 고독감과 우울함이 감추어져 있다.

또한 블루는 청년과 노년 사이에 있는 중년의 색이기도 하다. 중년은 희망을 품고 있는 척하지만 너무 늦은 듯 불안하다. 2013

년 개봉한 〈블루 재스민〉이라는 영화가 있다. 재스민 역을 맡았던 케이트 블란쳇의 연기는 블루 자체다. 도도하고 우아한 척 빳빳하게 고개를 들고 있지만, 허영에 찬 속물근성에 빠져 자신의 현실을 받아들이지 못한 채 혼잣말을 중얼거리는 모습은 쓸쓸하다.

재스민은 뉴욕의 상류층 부자였다. 하지만 남편이 금융 사기꾼이며 바람둥이로 밝혀지면서 한 순간에 빈털터리가 되자 동생 진저가 사는 샌프란시스코에 가며 이야기가 시작된다. 재스민을 단적으로 묘사한다면 인정하고 싶지 않은 일은 모른 척하는 여자다.

부귀를 유지하기 위해 남편이 사기꾼이고 바람둥이라는 점을 알고 있으면서도 모른 척하고, 비행기 일등석에 타면서 자신이 빈털터리라는 점을 모른 척하고, 빈털터리가 되었다고 사람들에게 넋두리를 하면서도 자신이 루이비통 가방을 들고 다닌다는 사실은 모른 척한다. 모른 척 해야만 가련한 행복을 향유할 수 있기도 하지만, 동시에 구질구질한 현실을 견딜 수 있다.

모른 척할 뿐 아니라 끊임없이 현실을 부정하며 현실과 다른 삶을 꿈꾸며 그것이 자신의 삶이라고 믿는다. 그러나 꿈꾸는 삶을 위한 결단과 헌신은 없다. 현실과는 다른 삶을 자신의 삶이라고 믿고만 있기 때문에 타인에게도 그 다른 삶을 자신의 삶이라고 속인다. 자신을 기만하고 그 기만적 믿음을 가지고 타인을 기만한다.

재스민은 가지고 있지 못한 것을 희망하면서, 가지고 있는 것을 혐오한다. 가진 것에 만족하지 않고 가지지 못한 것을 욕망한다. 물론 결과는 그 기만이 폭로되는 순간이 찾아온다는 점이다. 그래서 재스민은 블루라는 색만큼이나 희망이라는 자기기만에 쌓여 있지만 동시에 그것이 허망하다는 점에서 우울하다.

인생의 반이 지나버린 40대의 중년은 그래서 재스민처럼 다시 새로운 희망을 꿈꾸면서 설레지만 마음 한 구석은 스산한 가을 하늘처럼 처량하다. 이럴 줄 꿈에도 몰랐지만 비루해진 이 현실에서 서둘러 도망가고 싶다. 자신의 존재 근거에 틈이 벌어지기 시작하는 시기이기도 하다. 자기기만이 시작되는 것이다.

| 선택의 자유를 회피하는 인간의 나약함

니체Friedrich Nietzsche는《인간적인 너무나 인간적인》에서 이렇게 말한다. "삶은 도덕에 의해 고안되지도 않았다. 삶은 기만을 바란다. 삶은 기만으로써 살고 있는 것이다." 이는 남을 속이는 기만을 말하는 것이 아니다. 자기를 기만하는 허위의식을 말한다. 삶은 자신을 기만해야만 겨우 유지되는 허약한 불안에 기반하고 있는지도 모른다.

기만이란 타인을 속이는 것이다. 많은 진화생물학자와 진화심리학자는 자연에는 기만적 행위가 넘쳐난다고 증명한다. 대벌레는 자신을 가느다란 잔가지처럼 보이도록 속이고, 청개구리는 나뭇잎의 색깔처럼 자신을 위장하며, 독 없는 나비는 독 있는 나비인 양 포식자를 속인다.

자연에서 기만은 생존과 번식의 유용한 수단이며 적응의 기술이다. 자연에서 기만은 자신의 약함을 숨기거나 강함을 과장해 타인을 위협하거나 타인의 위협을 피하는 것이다. 그러나 인간에게서 놀라운 일은 타인을 속이는 기만에 있지 않다. 인간은 남을 속이기에 능숙한 것이 아니라 자기를 속이는 데 능숙하다.

기만은 타인을 속이는 것이지만 자기기만은 자신을 속이는 것이다. 많은 진화심리학자는 자기기만을 타인을 속이는 기만과 연결 짓는다. 타인을 속이기 위해서는 먼저 자신을 속여야 하기 때문이다. 남을 속이려면 남을 속이고 있다는 사실을 스스로에게 들켜서는 안 된다. 속이려는 것을 스스로 진짜처럼 진짜로 믿어야 한다.

그래서 자기기만은 거짓말과는 다르다. 거짓말하는 사람은 남을 속일 의도와 내용을 가지고 있다. 또 그 의도와 내용을 스스로 의식한다. 속일 의도와 내용을 가지고 있고 거짓말을 통해서 목적을 성취한다. 하지만 자기기만은 스스로를 속이려는 의도와 내용 자체를 스스로 의식하지 못하는 상태여야 한다.

자기기만은 기만하는 사람과 기만을 당하는 사람이 동일하다. 자기기만은 그러므로 자신은 기만하는 내용을 알면서 동시에 모르는 모순된 상태가 된다. 자기기만은 논리적으로 불가능하지만, 현실적으로는 비일비재하다. 그러나 어떻게 이 모순이 가능한가?

사르트르Jean Paul Sartre의《존재와 무L'être et le néant》라는 책에서

가장 흥미로운 개념은 역시 자기기만이다. 우리말로 '자기기만'이라고 번역하지만, 프랑스어로 'mauvaise foi'이다. 직역하자면 '잘못된 믿음bad faith'이다. 그래서 '불성실'로 번역하기도 한다. 불성실의 반대말은 성실함 혹은 신실함이다. 좋은 믿음일 수 있다. 왜 이 잘못된 믿음이 자기기만이 될까?

사르트르가 바라보는 자기기만은 독특하다. 언뜻 보기에 자기기만은 속이는 자와 속는 자가 둘로 분열된 이중인격자로 생각할 수 있다. 그러나 사르트르는 자기기만은 분열된 의식이 아니라 의식의 통일성을 가지고 있다고 생각한다. 의식의 통일성 속에서 자기모순을 범한다는 말이다.

사르트르는 이러한 예를 든다. 어떤 여자가 있다. 작업을 거는 남자도 있다. 전형적인 제비다. 남자는 한없이 여자의 아름다움을 찬미한다. 싫지 않다. 그때 남자가 여자의 손을 잡는다. 이 노골적인 행위가 무엇을 의미하는지 여자는 안다. 섹스를 요구하는 불쾌한 제의다.

그럼에도 이 행위를 아름다움을 찬미하면서 벌어진 우연한 행위라고 믿으면서 그 은근한 쾌락을 즐긴다. 쾌락을 느끼는 손은 자신과 무관한 사물이 되고 자신은 섹스와 무관한 고상한 여자가 된다. 유체 이탈이 시작된다.

사르트르에게서 자기기만은 인간이 본질적으로 자유롭다는 사실과 관계된다. 자유롭다는 것은 선택한다는 의미다. 아니 선택해야만 한다는 의미다. 자유롭도록 선고받은 것이다. 선고받았다는 것은 선택을 피할 수 없다는 의미다.

선택을 피할 수 없다는 것은 선택하지 않을 자유란 불가능하다는 말이다. 선택하지 않은 것이란 사실 선택하지 않기를 선택한 자유이기 때문이다. 매 순간 우리는 선택이라는 자유와 책임을 지고 있다. 그래서 불안하다. 불안은 바로 자유 앞에서의 불안이다.

사르트르가 말하는 자기기만은 이 선택의 자유를 회피하려는 것에 가깝다. 여자는 남자의 불쾌한 제의를 거절하는 선택을 회피한다. 재스민은 자신의 남편이 바람둥이며 사기꾼이라는 점을 알고 있었지만 그 사실을 애써 외면하고 모른 척했다. 남편과의 관계를 결단해야 하는 선택을 회피한 것이다.

그것을 인정하고 폭로하게 될 때 자신에게 닥칠 현실을 감당하기 싫기 때문이다. 자신이 감당해야 할 책임을 회피하려고 하는 것이다. 그래서 그 사실을 무시한다. 무시한다는 것은 알지 못한다는 것이 아니다. 뭔가를 이미 알고 있지만 그 사실이 없는 것처럼 생활하는 것이다. 사르트르에게서 자기기만은 선택을 유예하고 책임을 회피하는 나약한 주저함과 가련한 안락이다.

중년에게 필요한 위약僞藥

니체는 삶은 기만을 바란다고 말했다. 니체의 말을 고쳐 말하면 이런 것이다. 삶은 기만이 아니다. 그러나 기만을 필요로 한다. 그러나 왜 기만을 필요로 하는가를 물어야 한다.

지젝의 유명한 말이 있다. "실재의 사막에 온 것을 환영합니다 Welcome to the Desert of the Real." 현실은 사실 사막의 먹먹함이다. 그러나 우린 이 사막과 같은 실재를 외면하고 그 위에 다른 베일을 투사한다. 그리고 그것을 진짜 현실이라고 믿는다. 우리는 현실을 현실이라고 생각하지만 현실이라고 생각하는 현실은 사실 실재의 사막에 투사된 환상의 베일일 수 있다.

하지만 그 진짜 현실이라고 믿는 베일이 찢어지는 순간이 온다. 그럴 때 그 틈으로 실재의 사막이 드러난다. 어떤가. 우리가 믿고 있는 현실은 그래서 환상의 기만에 의해서 지지되고 있는 것이다. 사람들은 안온한 삶을 위해 불안한 삶을 덮어씌울 환상의 기만을 원한다.

문제는 이런 것이다. 이러한 자기기만적인 환상은 삶이 곤궁해졌을 때 큰 힘을 발휘한다. 사람들은 대체로 자신의 잘못과 어리석음 때문에 문제가 생겼다고 생각하지 않는다. 세상을 탓하고 남에게 원인을 전가한다. 감당할 수 없을 만큼 힘든 현실과 자신의 나약함이라는 조건이 자기기만에 빠질 수 있는 조건이기도 하다.

그러나 자기기만의 효과는 이중적이다. 부정적으로 작용하기도 하지만 동시에 긍정적으로 작용하기도 하기 때문이다. 자기기만은 자신이 꿈꾸고 있는 것을 현실로 의식하고 있는 상태다. 거짓과 진실이 구별되지 않듯이 꿈과 현실이 구별되지 않는다. 진짜 현실은 은폐된다. 현실 문제를 해결하는 선택과 결단으로부터 도피하려는 것이다.

하지만 희망을 갖는다는 점에서는 긍정적이다. 플라세보 효과 placebo effect, 위약偽藥 효과라는 것이 있다. 의학 용어이자 심리학 용어다. 약도 독도 아닌 비활성 약품을 약으로 위장해 환자에게 투여했을 때, 환자가 약에 대한 긍정적인 믿음으로 인해 실제로 그 효과가 나타나는 현상을 말한다. 자기기만의 긍정적 믿음이 실제로 효과를 발휘한다는 것이다. 자기기만의 긍정적 효과다.

블루는 이중적이다. 한편으로 희망적이지만 동시에 우울하다. 중년은 희망을 가져보려 하지만 우울하다. 그러나 우울증이라는 정신장애를 가진 사람들이 정상적인 사람보다 자기기만을 잘하지 못한다는 것이 전문가들의 견해다. 우울증의 원인은 자기기만에 서툴렀기 때문이다.

데이비드 리빙스턴 스미스는 《거짓말쟁이는 행복하다》에서 자기기만을 잘하는 것이 정신 건강과 밀접한 관계가 있다고 주장한다. 정상적인 삶이라는 것이 오히려 자기기만의 토대 위에 가능하다는 것이다. 자기기만을 할 줄 모른다면 우울증이나 정서적인 장애가 일어난다.

니체가 삶은 기만에 의해서 살고 있다는 것도 이러한 자기기만적 희망에 의해서 떠받치고 있는 가련한 삶을 말한 것이 아닐까. 아직 인간은 자기기만을 극복하고 사막과 같은 현실을 그대로 직시할 수 있을 만큼 '초인超人'으로 진화하지 못했는지도 모른다.

그래서 어쩌면 우울증에 걸린 중년에게는 자기기만적일지라도 약은 필요하다. 강조되어야 할 것이 있다. 그 이전에 먼저 자기기만적인 희망을 일어나게 한 사막과 같은 현실을 회피하지 말고 직시해야 한다는 점이다.

그럴 때 그 자기기만은 허망한 토대 위에 세워져 현실을 은폐하는 것이 아니다. 오히려 현실적 토대 위에서 그 현실을 개혁하는 희망일 수 있다. 사르트르의 말처럼 선택을 유예하고 책임을 회피하는 자기기만이 아니라 선택을 가능케 하고 책임을 감당하는 희망적인 자기기만은 우울한 중년에게 필요한 위약 효과다.

고전읽기 **장 폴 사르트르의 《존재와 무》**

사르트르만큼 철학의 영역에서 유명할 뿐 아니라 중요한 인물임에도 불구하고 그만큼 폭넓은 연구가 제대로 이루어지지 않은 학자도 드물다. 대표작인 《존재와 무》의 제대로 된 번역본이 없다는 현실이 그것을 잘 보여준다. 사실 사르트르만큼 현대 철학에 큰 영향을 끼친 인물도 없다.

"아름다움 감정을 가지고 나쁜 문학을 만든다." 앙드레 지드의 말이다. 하이데거는 이 말의 형식은 철학에도 동일하게 적용할 수 있다고 말한다. 철학은 감정이라는 비합리적인 영역이 아닌 이성적이고 합리적인 영역이라고 흔히들 생각하지만 그렇지 않다는 말이다.

철학이란 어떤 기분이 감추어진 논리적인 구조물일 수도 있다. 이성 ratio이란 감정의 리듬이며 운율이다. 뉘앙스와 정조情調가 감춰진 사유의 구조물이다. 하이데거가 그룬트스티뭉grundstimmung을 말하는 이유다. 근본 정조다. 형이상학적 사유 아래 근본 정조가 있다. 그것을 먼저 간파하라.

사르트르의 근본 정조는 무엇일까? 나는 그것이 혐오감이 아닐까라는 의구심을 떨쳐버릴 수가 없다. 이는 존재의 우연성에 대한 통찰로부터 나온다. 무상성無償性이다. 아무런 필연적 의미도 없이 이 세상에 던져진 이 잉여적 존재에 대한 혐오.

"대자對自는 아무런 이유도 없이, 거기에 있는 것으로서, 남아도는 것으로서 자기를 파악한다." 이 세상의 존재는 반드시 거기에 있을 필연적 이유도 없이 거기에 있는 것이다. 인간의 의식은 스스로를 잉여 존재이며 여분의 존재로 파악한다. 존재의 무상성을 느낄 수밖에 없다.

이 존재의 무상성은 타인과의 관계를 통해서 겨우 보완될 수 있다. 그러나 타자와 관계하면서 주체가 항상 걸림돌이다. 타자에게 주체를 버리고 굴종할 수도 없고, 주체를 강제하며 지배할 수도 없다. 그것은 주체를 가진 상대도 마찬가지다.

어쩌란 말인가? 주체를 포기하는 것은 진정한 삶이 아니다. 자유롭지 못한 것이다. 그렇기 때문에 갈등과 투쟁일 수밖에 없다. 이것이 바로 시선이다. 타자는 시선을 통해 나를 사물화하려고 한다. 그럴 때 타자는 지옥이 된다.

그러나 타자는 나의 존재 근거를 주는 원천이기도 하다. 타자를 통해 나를 알 수 있고 의미를 창조할 수도 있다. 나를 알기 위해서는 타자를 필요로 한다. 그래서 타자란 이중적이다. 지옥이면서 동시에 천국이다. 타자를 통해 나라는 잉여 존재, 그 우연적 존재를 정당화할 수 있다.

주체를 고집하면서 관계하는 타자와의 사랑은 결국에는 실패로 끝날 수밖에 없다. 타자의 시선을 의식하는 투쟁은 영원히 실패하지 않을까? 오히려 자신에 대한 인정은 타인의 시선이 아니라 자기 충족적 만족감으로부터 나온다. 타인의 시선을 신경 쓰는 자기혐오로부터 나오지 않는다. 자기혐오를 가지고 사람들과 함께 살기는 힘들다. 영원히 실패할 수밖에 없다.

─
사람을 만나는 일이 점점 어려워요

적절한 거리란 타인에 대한 배려이기도 하지만
자신에 대한 배려이기도 하다. 타인의 마음을 헤아릴
뿐만 아니라 타인의 폭력도 방어해야 한다. 자신의
진실을 고려할 뿐 아니라 자신의 무례함도 조절해야
한다. 예의는 단지 타인에 대한 배려만 아니라 자신에
대한 배려이기도 하다

다섯,
정직함

| 매일 가면을 쓰고 출근하는 삶

위선을 혐오하는 시대다. 남녀노소를 막론하고 성욕까지도 감추기보다는 노골적으로 드러낼 때 멋지다는 찬사를 받는다. 솔직하게 내면의 진실을 말했다는 것 자체는 그 말한 내용이 어떠하느냐와 관계없이 찬사의 대상이 될 수 있다. 위선이 아닌 용기이기 때문이다.

그러나 솔직하게 모든 것을 털어놓는 용기 있는 태도 속에서 뭔가를 감추려는 위선이 있을 수 있고, 용기 있게 자신을 드러내놓는 과감함 속에서 두려움의 비겁이 있을 수도 있다. 어떤 경우에 솔직함은 뻔뻔한 자기 고집이거나 뭔가를 감추려는 거짓의 형식이기도 하다.

자신의 속내를 감추고 가면을 쓴 채 거짓된 삶을 사는 것은 스트레스다. 한때 공무원은 영혼이 없다는 말이 세간에 쓴웃음을 주었던 적이 있다. 어디 공무원들만 그러하겠는가? 한 가족의 생계를 책임지는 가장이라면, 생계를 인질로 삼고 협박하는 '갑질'의 횡포에 얼마간 영혼을 팔고 죽어지냈던 적이 있지 않던가?

생계를 위해 죽어지내는 것이 반드시 죄악은 아니다. 출근길이라면 간과 쓸개는 물론 영혼까지도 집안 깊숙이 보관하고 나서는 것이 한결 발걸음이 가벼울 지경인 세상이다. 영혼이 없는 우리는 그래서 가면을 쓴다. 가면은 흔히 자신의 본심을 위장하는 거짓된 자아라고 생각한다. 그래서 맨얼굴의 자신을 찾으려고 한다. 가면의 거짓을 벗고 맨얼굴의 진실을 찾으려 한다.

그러나 가면이 아닌 맨얼굴을 그대로 드러내는 사람은 두 종류다. 하나는 어린아이와 같은 사람이다. 어린아이는 숨김없이 자신의 욕심을 드러낸다. 가면을 모르기 때문이다. 또 하나는 정신병자다.

보통 사람은 얼굴 뒤로 자신을 숨기지만, 정신병자는 얼굴을 통해서 자신을 보여준다. 다른 사람들에게 자신을 드러내고 밝힌다. 가면을 잃어버린 그는 자신의 불안을 공개하고 아무에게나 내민다. 자신의 비밀을 공표한다. 그렇게 무분별한 행동은 우리를 짜증나게 한다. 그를 묶어서 고립시키는 것은 당연한 일이다.

《독설의 팡세》에 나온 에밀 시오랑의 말이다. 이 말은 얼굴 뒤로 자신을 숨기는 보통 사람들에 대한 역설적인 혐오다. 정신병자는 가면을 모르는 것이 아니라 망각해버렸다. 오히려 가면을 쓰지 않는 정신병자가 자신의 내면에 대해 솔직하다. 보통 사람들은 솔직한 정신병자를 감당하기 힘들다.

가면을 쓰는 사람은 가면을 모르거나 망각하지 않은 정상인이다. 가면이 없다면 우울증과 불안증에 걸릴 수도 있다. 어쩌면 정상인들의 삶이란 가면을 통해서 유지되는지도 모른다. 맨얼굴을 날 것으로 드러내는 정신병을 감당할 능력이 없기 때문이다.

그러나 가면을 쓰는 정상인도 병이 없는 것은 아니다. 지나치게 타인을 의식하면서 스스로를 억압하기 때문에 스트레스를 받는다. 두꺼운 가면 속에 자신을 감추고 속인다. 어린아이와 정신병자는 가면을 쓸 줄 모르거나 망각해버렸지만 정상인은 가면을 쓰는데도 스트레스다.

무엇이 문제일까? 가면의 윤리성이다. 가족과 생계를 위해 죽어지내며 가면을 써야 하는 중년들은 정신병자가 되어 가면을 잃어버릴 수는 없다. 오히려 정직을 드러내는 다양한 가면을 쓰는 방법이 필요한 것이다.

| 표현의 형식을 고민하자

가면을 쓰고 진심을 속인 채 거짓 표정을 짓는 것이 연극이라

면 인생은 연극이 아니다. 그러나 가면을 통해서 진실을 표현하는 것이 연극이라면 인생은 연극일 수 있다. 연극과 진짜 인생은 다른 것이 아니다. 연극이 곧 진짜 인생을 구성한다. 연극은 리허설이 가능하지만 인생은 리허설이 불가능한 실전이다.

가면을 쓴 비굴과 위선을 혐오하는 사람들은 가면을 벗고 자신의 본래 모습을 드러내며 사는 것이 행복하다고 주장한다. 물론 진심을 속이는 위선적인 가면은 인간을 행복하게 만들 수는 없다. 스트레스다. 그렇다고 가면을 벗고 맨얼굴을 그대로 드러낸다고 해서 행복해지는 것만도 아니다.

가면은 이중적이다. 뭔가를 감추기도 하면서 동시에 뭔가를 드러낼 수 있는 효과가 있다. 가면을 써서 맨얼굴을 숨기지만 동시에 가면을 쓸 때 거리낌 없이 내면의 본능을 분출하기도 한다. 가면무도회에 가는 이유는 가면을 쓰고 억눌렀던 감정을 분출하기 위함이 아니었던가?

"모든 심오한 존재는 가면 쓰기를 즐긴다." 니체의 말이다. 이 말은 거짓의 가면을 쓰고 본래 자신을 숨기라는 말로 이해되어서는 안 된다. 심오하다는 점이 중요하다. 심오한 존재는 비단 성인군자만이 아니다. 인간의 마음 자체가 원래 심오하다.

타자의 심오한 마음을 대면해야 하는 자신의 심오한 마음은 가면이라는 매개를 통해야 하는지도 모른다. 심오하기 때문이다. 그렇다면 가면을 써야 하느냐 아니면 맨얼굴을 드러내야 하느냐 하는 이분법은 인간의 심오함을 이해하지 못하는 단순 논리일 수 있다.

맨얼굴이 진심이고 가면이 거짓이라는 단순한 이분법은 심오한 마음을 이해하는 데 오히려 방해가 된다. 정작 인간의 심오한 마음은 그들이 쓰고 있는 가면 뒤에 있는 것이 아니라 바로 가면 자체일 수 있기 때문이다.

그럴 때 맨얼굴 자체도 다양한 가면 가운데 한 가지일 뿐이다. 이것은 진심과 가면 가운데 하나를 선택하는 문제가 아니다. 어떤 상황에서 누구를 향해 어떤 가면을 어떻게 왜 써야 하는가의 문제다. 그것이 가면의 윤리성을 구성한다.

그러므로 문제는 진짜 감정을 감추는 것이 아니라 진짜 감정을 효과적으로 드러내는 방식이다. 가면은 진짜 감정을 감추는 베일이 아니라 진짜 감정을 드러내는 효과적인 형식일 수 있다. 맨얼굴도 여러 가면 가운데 하나일 수밖에 없는 이유다.

맨얼굴이 진심이고 가면이 거짓이라고 생각할 때 맨얼굴이 도덕적이 되고 가면은 위선이 된다. 그러나 맨얼굴을 드러냈다고 해서 도덕적으로 우월한 것은 아니다. 가면보다 맨얼굴이 진실하다고 믿는 것은 도덕적 우월감일 뿐이다. 자신에게 자신의 맨얼굴은 도덕적 진실함이 될 수도 있지만 타인에게 자신의 맨얼굴은 흉한 몰골일 수도 있다.

맨얼굴의 정직은 중요하다. 자신의 내면에 있는 정직한 진실을 아프더라도 자신은 회피하지 않아야 한다. 자신이 직면해 감당해야 하는 자신만의 비밀일 수 있다. 그러나 그 진실한 내면이 타인에게 어떻게 드러나서 인지되는가에 따라 그 정직의 효과는 다르다.

내면의 정직을 잃지 않으면서 타인들에게는 친절하게 꾸며서 드러내야 한다. 맨얼굴을 무작정 노골적으로 드러낸다고 해서 상대가 맨얼굴을 보여줘서 감사하다고 고마워할 것이라는 보장은 없다.

누구나 열심히 한다. 그러나 중요한 것은 잘 하는 것이라는 말이 있다. 이 말의 논리를 이렇게 바꿀 수 있다. 누구나 정직하다. 그러나 중요한 것은 잘 표현하는 것이다. 나이를 먹어갈수록 꾸밈이라는 표현의 형식을 고민하는 이유다.

| 합당한 예의란 무엇일까?

가면의 꾸밈은 맨얼굴의 진실만큼이나 중요한 형식의 문제다. 과도하게 말하자면 어쩌면 형식이 진실 그 자체일 수도 있다. 내속에 있는 맨얼굴의 진실만이 문제가 아니라 진실이 표현된 형식 자체가 타인에게는 진실로 비춰지기 때문이다. 몽테뉴의 이런 말은 의미심장하다.

진실을 말하는 사람은 허위를 말하는 사람만큼 어리석게 행동하기도 한다. 우리는 당신의 말의 재료가 아니라 말하는 방식을 문제로 삼기 때문이다. 나의 유머는 실체만큼이나 형식에 대해서 생각하는 것이다.

— 몽테뉴, 《수상록》 중에서

일본 사람들은 속마음인 혼네[本音]와 겉치레의 다테마에[建前]를 구분하는데, 다테마에를 중시한다. 다테마에는 타인을 배려하는 예의다. 동시에 타인이 나를 무례하게 대하지 못하도록 스스로를 방어하는 것이기도 하다. 문제는 겉과 속이 다르다는 점이다. 예의는 깍듯할지언정 진심을 속인다.

이에 비하면 한국인들은 진심을 속이는 허례허식의 체면치레를 겉치레의 위선이라고 싫어한다. 오히려 솔직하게 정을 나누는 것이 인간적이라고 생각한다. 하지만 진한 정으로 허물없이 어울리다보면, 은혜와 원한 관계로 얽힌다. 합당함을 잃는다.

다테마에의 가면과 혼네의 진심은 대립적인 것이 아니다. 대립적이라고 생각할 때 오히려 스트레스다. 둘 중에 하나를 선택해야 한다고 생각하기 때문이다. 타인의 눈치만 볼 때 위선적 가면을 쓰게 되고 타인을 배려하지 않을 때 무례한 맨얼굴을 드러낸다.

이것은 선택 사항이 아니다. 두 가지 모두를 실현해야만 한다. 그래서 문제는 자신의 진심을 어떤 가면을 합당하게 써서 타인에게 효과적으로 전달하느냐이다. 그 진심이 미움이건 사랑이건 상관없다. 순자荀子는 진심이 담긴 예의의 꾸밈을 말한다.

인자한 사람은 반드시 사람을 공경한다. 공경하는 데에는 방도가 있다. 상대가 현자라면 귀하게 예우하여 공경하고 불초한 사람이라면 두려워하면서 공경한다. 현자라면 가까이 친애하면서 공경하고 불초한 사람이라면 멀리 거리를 두면서 공경한다. 그 공경함은 같지만 실정은 다르다. 만약 진실하고 정직하면서도 상대를 해치거나 상처를 주지 않는다면, 어떤 사람을 대하더라도 그렇지 않을 수 없다. 이것인 인자한 사람의 바탕이다. 진실함과 신뢰를 바탕으로 삼고 정직을 기강으로 삼으며 합당한 예禮와 마땅한 의義로 꾸민다. 〔仁者必敬人. 敬人有道. 賢者則貴而敬之, 不肖者則畏而敬之. 賢者則親而敬之, 不肖者則疏而敬之. 其敬一也, 其情二也. 若夫忠信端慤而不害傷, 則無接而不然. 是仁人之質也. 忠信以爲質, 端慤以爲統, 禮義以爲文〕

—《순자》중에서

진실함일지라도 합당한 예와 마땅한 의로 꾸며야 그 진실함이 진실한 효과를 거둘 수 있다. 타인에 대한 공경도 마찬가지다. 그러나 공경함이 있다고 해서 반드시 좋은 결과를 가져오는 것은 아니다.

공자孔子는 이점을 잘 알고 있었다. "공경함이 예에 가까우면 치욕을 멀리할 수 있다〔恭近於禮, 遠恥辱〕." 이 말을 뒤집어 생각해볼 수 있다. 공손한 마음이 합당한 예에 어긋났을 경우에 치욕을 당할 수 있다는 말이다.

그렇기 때문에 공손한 마음일지라도 반드시 예에 합당해야 치욕을 당하지 않는다. 공손한 마음도 예에 어긋날 경우 비굴하거나 위선적인 가면일 수도 있다. 순자는 이 예의의 마땅함을 강조한다.

오직 사리事理에 마땅함當을 귀하게 여긴다. 〔唯其當之爲貴〕

순자가 고민한 것은 진실한 마음이 있더라도 그것이 가져올 현실적 효과를 생각하는 일이다. 진실한 마음일지라도 사리事理에 합당하지 않을 때 치욕을 당한다. 순자에게서 예와 의는 모두 마땅함 혹은 합당함을 의미하는 '당當'이라는 말과 관련된다.

'당'이란 자신의 진심을 속이지 않는 당당當當이고, 상대와 상황에 적합하게 표현되는 적당的當이며, 사리에 합리적으로 들어맞는 합당合當이고, 자신의 능력이 충분하게 짊어질 수 있는 감당堪當이다. 당당하고 적당하며 합당한 태도를 유지하면서 자신이 감당할 수 있는 방식으로 타인을 응대하는 것이 예의를 갖춘 행위다.

| 적절한 거리 유지하기

여자의 화장은 미묘한 문제다. 중국 여자, 일본 여자, 한국 여자의 차이점은 무엇일까? 어려운 문제다. 오래 전에 중국 베이징

의 왕푸징 거리를 걸어보고, 일본 도쿄의 신주쿠 거리를 걸어보며, 한국 서울의 명동 거리를 걸어본 뒤에 내린 결론이 있다.

화장술에 차이가 있었다. 일본의 화장법은 갸루 메이크업이다. 본래의 얼굴을 지우고 새롭게 바탕을 하얗게 만들어서 완전히 새로운 얼굴로 대체한다. 화장의 극단이며 인위人爲의 극치다. 중국 여자들은 화장을 잘 하지 않는다. 맨얼굴의 자연스러움을 그대로 둔다. 화장의 혐오이며 자연自然의 극치이다.

그렇다면 한국은? 내추럴natural 터치다. 본래의 얼굴에 약간의 터치를 하여 본래의 얼굴을 자연스럽게 빛나게 하되 화장한 티를 내지 않는 화장법이다. 너무나도 자연스럽되, 빛이 난다. 그래서 이런 결론이 가능하다. 일본은 순자荀子, 중국은 노자老子, 한국은 공자孔子.

공자의 말 가운데 '문질빈빈文質彬彬'이라는 말이 있다. 곱씹어볼 말이다. "꾸밈과 본질이 조화를 이루어 빛이 난다"고 해석할 수 있다. 겉모습의 꾸밈과 본질의 오묘한 조화를 말하는 것이다. 꾸민 듯 안 꾸민 듯하면서도 본질을 더욱 빛나게 한다.

본질이 없이 꾸미기만 한다면 공허할 뿐만 아니라 가식적이며 위선적이지만, 꾸밈의 기교가 서투르다면 본질의 내용을 오히려 망칠 수도 있다. 꾸미지 않은 것만 못하다. 맨얼굴에 화장의 기교가 필요한 이유다.

문제는 적절한 거리다. 신뢰가 형성되지 않았는데 마음의 전부를 솔직하게 드러낸다는 것은 상대에게도 실례이지만, 무엇보다도 나 자신에게도 실례다. 그렇다고 형식적인 태도로 냉랭하게 대한다면 상대도 까칠해질 뿐 아니라 자신도 각박해진다.

계란 프라이를 할 때 팬에 식용유를 뿌리는 이유는 서로 눌어 붙지 않도록 적절한 거리를 유지하기 위해서다. 식용유만 그런 기능을 가진 것은 아니다. 가면도 그렇고 화장도 그러하며 적절한 예의도 그렇다. 우리는 타인을 만날 때 알몸으로 만나지는 않는다. 옷을 입고 만난다. 알몸으로 접촉하는 것은 오직 사랑하는 사람끼리 하는 행위다.

적절한 거리란 타인에 대한 배려이기도 하지만 자신에 대한 배려이기도 하다. 타인의 마음을 헤아릴 뿐만 아니라 타인의 폭력도 방어해야 한다. 자신의 진실을 고려할 뿐 아니라 자신의 무례함도 조절해야 한다. 예의는 단지 타인에 대한 배려만 아니라 자신에 대한 배려이기도 하다.

무례한 사회다. 무례한 상대에게 도덕적 우월감에 가득한 맨얼굴을 드러내는 것만이 진실을 표현하는 최상의 방식은 아니다. 나이를 먹어가면서 필요한 것은 맨얼굴의 도덕적 우월감이 아니라 예의의 합리적인 마땅함이다.

《순자》

아버지는 우리에게 원론적 사랑을 가르쳐주었지만 사랑의 방법적 기술은 가르쳐주지 않았다. 호르몬은 넘쳐났지만 분출할 수 있는 방법을 몰라 했던 청춘마냥 사랑은 충분했지만 사랑을 받고 주는 자연스런 형식은 알지 못했다. 사랑을 받을 줄 몰랐기에 사랑을 줄 줄도 몰랐고 줄 줄 몰랐기 때문에 받을 줄도 몰랐다.

우리가 상실했던 것은 하이데거식으로 말하자면 존재 망각도 아니고 고향 상실도 아니었다. 그렇다면 우리가 상실한 것은 무엇일까? 사랑일까? 아니다. 사랑은 태초부터 인간의 마음속에 항상 넘쳐 있었다. 태초로부터 지금까지 더욱이 현대에서 상실하고 망각한 것은 사랑이 아니다.

단언컨대 사랑을 표현하는 형식과 그 형식들을 적절하게 표현할 수 있는 감각이다. 우리는 미운 인간일지라도 그에게 자신의 진실한 사랑을 표현할 수 있는 공인된 형식을 망각했고 개인적 기술들을 상실했다. 우린 사회적으로나 개인적으로 너무도 서툴다.

순자는 맹자에 비해 너무도 저평가되었다. 모션motion이 이모션 emotion을 좌우한다는 말이 있다. 감정은 단지 순간적인 의지만을 발휘해 조절하기가 힘들다. 외적인 통제와 훈련을 통해서 감정은 세련되게 표현될 수 있다. 그것은 욕망도 마찬가지다. 욕망은 억제되거나 없애야 할 것이 아니다. 세련되게 표현되어 충족되어야 하는 것이다.

"다스림을 말하면서 욕망을 제거하려고 하는 자들은 욕망을 인도할 줄 모르면서 욕망이 있는 것을 곤혹스럽게만 여기는 자이다. 다스림을 말하면서 욕망을 줄이려고만 하는 자는 욕망을 절제할 줄도 모르면서 욕망이 많은 것을 곤란하게 여기는 자이다."〔凡語治而待去欲者, 無以道欲而困於有欲者也. 凡語治而待寡欲者, 無以節欲而困於多欲者也〕

"인간의 본성은 추악하다. 그런데도 선한 행위가 있는 것은 인위적인 장치 때문이다. (…) 그래서 인간의 본성을 따르고 인간의 감정에 순응하게 되면 반드시 다툼에 빠지고 분수를 어기고 도리를 어지럽혀서 포악한 상태로 돌아간다. 그러므로 반드시 사법師法의 교화와 예의禮義의 도리가 있어야만 사양하는 데로 나아가고 꾸미는 도리에 합치되어 다스리는 데로 돌아갈 것이다. 〔人之性惡, 其善者僞也. (…) 然則從人之性, 順人之情, 必出於爭奪, 合於犯分亂理而歸於暴. 故必將有師法之化禮義之道, 然後出於辭讓, 合於文理而歸於治〕

순자는 감정과 욕망을 통제하고 조절하는 것을 인위적 장치라고 했다. 이 인위적인 장치가 예禮이다. 순자가 말하는 예는 고리타분한 형식적 격식이 아니라 감정과 욕망을 조절하여 세련되게 표현하고 충분하게 만족할 수 있는 방법에 관한 통찰을 줄 수 있는 현대적 주제다. 나이를 먹어가면서 갈수록 타인들과 상호 관계할 수 있는 형식적 의례들을 상실하는 것이 아닐까? 우리는 이런 예를 상실한 채 감정과 욕망에 빠져 허우적거리면서 너무도 서툰 인생을 살고 있다.

2장

———————————————— 나이가 들어
늘기 시작한 것

─ 죽음 앞에 의연할 수 있을까요?

죽은 듯이 살아가는 그들의 사회적 죽음은
생물학적 죽음만큼이나 뒷골목으로 은폐되고
무시된다. 이런 현실에서 아무리 호사스런 웰빙과
개인적인 차원의 웰다잉을 준비한다고 해도
병원에서 무덤까지 신속하게 처리되는 죽음의
고독을 피할 수는 없다. 죽음을 의연하게 받아들일
수도 없다. 왜 그럴까?

| 준비되지 않은 죽음

잉마르 베리만 감독의 〈제7의 봉인〉이라는 영화가 있다. 첫 장면부터 인상적이다. 온통 검은 옷을 입은 죽음의 사신이 주인공을 찾아온다. 주인공이 묻는다. "누구냐?" "죽음이다." "날 데리러 왔는가?" "아니 이미 오래전부터 너의 곁에 있었다." "알고 있었다." "준비되었나?" "육신은 준비되었지만 난 아직……"

죽음은 필연적이다. 필연적이기에 누구도 피해갈 수 없지만 죽음을 의식하면서 사는 사람은 없다. 물론 의식한다고 해서 죽음을 피할 수 있는 것도 아니다. 죽음은 태어나면서부터 이미 육체의 곁에 있었고 준비를 하고 있기 때문이다.

그럼에도 "육신은 준비되었지만 난 아직……"이라는 대사에서 느껴지듯 준비되지 못한 죽음이란 무엇을 의미할까? 〈제7의 봉인〉에서 주인공은 이미 오래전부터 곁에 있었던 죽음과 이제야 비로소 체스를 둔다. 죽음을 이기려고 체스를 두는 것일까? 아니다. 죽음을 회피하지 않고 의연하게 직면하려는 것이다.

한때 웰빙well-being이 유행했다. 힐링healing으로 이어지다가 언제부터인가 웰다잉well-dying이 유행이다. 웰빙은 물질적 가치보다는 조화로운 삶을 추구한다. 그런데 우리나라에서 소비되는 웰빙이란 유기농산물과 명상 요법, 건강관리와 취미 생활을 통해 심신의 건강을 추구하는 것이다. 돈과 여유가 없으면 실행하기 힘들다.

웰다잉이란 준비된 죽음 혹은 아름다운 죽음을 의미한다. 나이가 쉰이 넘으면 웰빙보다는 웰다잉을 고민해야 한다고 한다. 웰다잉의 구체적인 실천 목록은 유언장을 작성하고, 사전의료의향서를 만들고, 장례 비용 등을 준비하는 것들이다. 모두 개인적인 차원에서 이루어지는 마지막 죽음에 대한 준비다. 의학적인 측면에서 말한다면 웰다잉이란 고통 없이 편안하게 죽는 것이다. 그러나 철학적인 측면에서 말한다면 웰다잉이란 의미 있게 죽는 것이다. 의미 있게 죽는다는 것은 어떤 거대한 명분을 위해 살신성인하는 죽음을 말하는 것이 아니다.

누구나 동일하게 태어난다. 그러나 누구나 동일하게 죽지는 않는다. 태어나는 것은 자신의 의지와 무관한 일이지만, 인간답게 죽을 수 있는 것은 자신의 의지에 달려 있다. 인간답게 죽을 수 있는 준비는 나이와 무관하다. 중년이라면 의학적인 측면의 편안한 죽음만이 아니라 철학적인 의미에서 인간적인 죽음을 준비할 때다.

어떤 일이든 여한 없이 할 만큼 다했다는 것은 쉬운 일이 아니다. 자신이 할 수 있을 만큼 최선을 다했을 때 아쉬움이 없다. 어떤 것일지라도 닥쳐온 결과를 의연하게 수용할 수 있다. 후회도 자책도 미련도 기대도 없다. 결과에 만족하지 못할지라도 할 만큼 다했던 자신을 대견하게 여길 수도 있다. 모든 일이 그러할 테지만 삶 자체도 마찬가지가 아닐까?

죽음을 받아들일 준비가 되어 있지 않은 이유는 삶에 대한 집착과 여한이 남았기 때문인지도 모른다. 고전적 낭만주의자 괴테는 죽어가면서 "빛을, 좀 더 빛을Licht, mehr Licht"이라고 했다. 죽기 전에 하인이 햇빛이 들어오는 창문을 가로막고 있었는지, 환한 빛을 쬐며 죽게 해달라는 뜻이다. 경건한 도덕주의자 칸트는 "이것으로 족하다Es ist gut"고 말하고 죽었다. 죽음 앞에서 삶에 대한 여한이 없었다. 할 만큼 했던 것이다.

모두 아름다운 죽음이겠으나 괴테가 삶에 대한 집착을 희미한 빛만큼 가지고 있었던 반면 칸트는 죽음을 더 의연하게 받아들인 것은 아닐까? 죽음은 피할 수 없는 문제다. 하지만 누구도 죽음을 의연하게 받아들이지는 못한다. 죽음 앞에서 느끼는 이 삶에 대한 집착과 미련은 무엇을 의미할까?《논어論語》에 이런 말이 있다.

새가 죽으려고 할 때 내는 울음소리가 가장 애처롭고, 사람이 죽으려고 할 때 하는 말이 가장 선하다.〔鳥之將死, 其鳴也哀, 人之將死, 其言也善〕

| 삶도 모르는데 어떻게 죽음을 알겠는가?

인간은 죽음을 무시할 만큼 강하지 않다. 언제나 죽음은 가장 철학적인 문제였다. 서양철학책들을 보면 대부분 죽음의 문제를 심각하게 다룬다. 중국철학을 전공하면서 의아했던 것은 중국 고전은 서양철학만큼 죽음을 심각하게 다루지 않는다는 점이다.

중국 고전 가운데 고전인《논어》는 죽음의 문제를 다루고 있을까? 있다. 딱 한 구절이다. 젊었을 때 이 구절을 읽고 많이 실망했다. 자로子路가 공자에게 귀신을 섬기는 일을 묻자, 공자는 사람을 섬기는 일도 모르는데 어찌 귀신을 섬기는 일을 알겠느냐고 대답한다. 자로가 다시 죽음에 관해 묻자, 공자는 이렇게 답한다. "삶도 모르는데 어찌 죽음을 알겠는가〔未知生, 焉知死〕?"

무심하고 성의 없는 대답이다. 제자의 심각한 질문에 대한 답변치고는 모호하다. 공자의 답변은 철학적이지 못하다. 죽음은 알 수 없으니 무시하라는 듯한 태도처럼 보인다. 삶을 알면 죽음의 의미를 알 수 있다는 말일까? 아니면 죽음 같은 것은 중요한 문제가 아니니 삶이나 똑바로 살라는 말일까?

하이데거Martin Heidegger는 인간을 죽음을 향한 존재라고 규정한다. 하이데거는《존재와 시간》에서 '죽음에로 앞질러 달려가봄 Vorlaufen zum Tode' 혹은 '죽음으로의 선구先驅'를 말한다. '선구'란 먼저 달려간다는 의미다. 그것은 사유를 통해 죽음을 향해 먼저 달려가 체험하는 것을 말한다. 죽음을 회피하지 않고 직시하자는 것이다.

이 죽음에 대한 직시와 자각은 역설적인 효과가 있다. 자신이 죽는다는 사실을 절실하게 느낀다고 해서 무기력한 허무에 빠지거나 무책임한 방탕에 빠지지 않는다. 죽음의 필연성과 삶의 유일성을 절실하게 체감하면 인간은 오히려 역설적인 깨달음을 갖게 된다.

죽을 수밖에 없고 한 번뿐인 삶이지만, 그럼에도 불구하고 혹은 그렇기 때문에, 진실하고 의미 있는 삶을 살아내고 싶은 충동이 일어난다. 하이데거에 의하면 죽음에 대한 절실한 성찰은 역설적으로 의미 있는 삶을 추구하려는 마음을 갖게 한다. 하이데거의 표현에 따르면 실존의 본래성을 회복하게 된다.

그러나 하이데거의 생각과는 달리 현대인들이 회복한 실존의 본래성은 돈과 여가가 없으면 불가능하다. 사람들은 호사스러운 개인적 웰빙과 편안하게 고통 없이 죽는 개인적인 웰다잉을 실천한다. 그럼에도 아직도 삶에 대한 여한과 집착을 버리지 못하고 의연하게 죽음을 받아들이진 못한다. 왜 그럴까?

공자의 무성의한 듯이 보이는 답변을 음미할 필요가 있다. 공자와 자로의 대화는 죽음에 대한 추상적 문제를 말하는 것이 아니다. 자로의 질문 자체를 이해하지 못한 데서 오는 오류다. 자로의 질문은 죽음이라는 형이상학적 질문이 아니다.

자로는 용맹한 사람이다. 죽음을 두려워할 사람이 아니다. 불의를 참지 못하는 자로는 오히려 죽음 같은 것을 개의치 않을 사람이다. 자로의 마지막도 죽음을 개의치 않는 용맹한 죽음이었다. 그런 자로가 죽음이 두려워 죽음에 대해 질문했을까?

아니다. 자로의 질문은 죽음에 대한 형이상학적 질문이 아니라 죽음을 대처하는 방식에 대한 현실적인 질문이다. 죽어야 할 순간이 온다면 어떻게 의연하게 대처할 수 있을까? 자로의 질문은 어떻게 의연하게 죽음을 대처할 수 있는가라는 윤리적인 질문이다. 물론 용맹한 자신은 의연하게 대처할 수 있다는 자신감에 찬 질문이다. 공자 당신이라면 어떻게 의연하게 대처할 수 있겠는가?

그렇다면 공자의 답변은 어떻게 이해해야 할까? 공자의 답변은 죽음을 알 수 없다는 입장을 취하면서 죽음의 문제를 회피한 것이 아니다. 귀신을 어떻게 섬기는가에 대한 공자의 답변은 사람을 섬기는 도리를 알아야 귀신을 섬길 수 있다는 것이다. 마찬가지다. 살아 있는 사람들과 함께하는 이 삶을 여한 없이 살 줄 알아야 죽음을 의연하게 받아들일 수 있다.

다시 정리하자면 자로의 질문이란 이런 것이다. "죽음을 의연하게 대처하는 것은 무엇인가?" 공자의 대답은 이런 것이다. "살아 있는 사람들과 함께 살아가는 이 삶에서 일어나는 일들도 의연하게 대처할 줄 모르면서 어떻게 죽음을 의연하게 받아들일 수 있겠는가?"

그럴 때 공자에게서 삶의 의미란 하이데거가 말하는 개인적이고 실존적 차원의 본래성이 아니라 인간들과 함께 살아가는 공동체 속에서 행해야 할 윤리성이다. 공동체 속에서 행해야 할 윤리적 삶을 살아냈을 때, 인간적인 의미와 도리를 여한 없이 할 만큼 다하며 살아냈을 때, 불현듯 다가온 죽음 앞에서 초연함을 유지하며 의연하게 죽음을 받아들일 수 있다. 이것으로 족한 것이다.

세상에서 가장 고독한 사람

현대사회는 자신의 죽음뿐 아니라 타인의 죽음을 어떻게 처리하고 있을까? 대부분 상조회사에게 모든 것을 맡긴다. 실존적 차원에서 형이상학적 죽음이 망각되었을 뿐 아니라 사회적 차원에서 죽은 자들을 애도하는 의례적 차원의 죽음도 망각된 지 오래다. 하이데거는 죽음을 망각한 개인의 실존에 주목했지만, 현대사회는 "죽어가는 사람들"에 대한 예의와 애도를 망각한 시대다.

장례를 상조회사에게 전적으로 맡기는 세상에서 가장 고독한 사람은 누구일까? 독일의 사회학자 노베르트 엘리아스Norbert Elias에 따른다면 죽어가는 자들이다. 엘리아스의《죽어가는 자의 고독Über die Einsamkeit der Sterbenden》은 우리 시대 죽음의 문제를 돌이켜 볼 때 주목할 만한 책이다.

엘리아스에 의하면 현대사회에서 죽음은 철수되고, 삶은 전시되고 있다. 누구를 위하여? 산자들을 위해서다. 그 어느 시대보다는 현대사회에서 죽음은 사회적으로 망각되고 배제되었다. 쾌락과 행복을 추구하고 섹스와 사랑이 풍요하게 소비되고 있는 현상과 무관하지 않다. 그만큼 죽음이 축소되고 삶은 과잉되었다.

개인적인 차원에서 죽음은 회피되었고 사회적인 차원에서 죽음은 사회 무대의 이면 속으로 감추어졌다. 오늘날 죽음에 대한 태도에서 가장 특징적인 것은 어른들이 아이들에게 죽음에 관한 사실을 알려주기 꺼려한다는 점이다. 엘리아스는 이러한 현상은 과거 시대에는 찾아볼 수 없는 개인적이고 사회적인 차원에서 이루어지는 죽음에 대한 억압의 징후로 파악한다.

과거에는 죽어가는 일이 오늘날보다 훨씬 폭넓게 드러나 있었다. 혼자 죽는 것이 아니라 많은 사람들과 함께 죽음을 겪어냈다. 하지만 현대 사람들은 죽어가는 사람 앞에서 마땅히 해야 할 말도 행위도 알지 못한다. 죽어가는 자를 대하는 의례는 사라졌다. 여전히 살아 숨 쉬는데도 그들은 이미 버려졌다. 오직 혼자만의 고독 속에서 죽음을 감당하고 견뎌야 한다.

죽어가는 사람들로부터 살아 있는 자들의 물러섬, 그리고 그 주위로 점차 번지는 침묵은 임종 이후에도 계속된다. 시신의 처리와 묘지 관리에서 그 점이 잘 나타난다. 오늘날 이 둘은 대부분 가족, 친지, 친구들의 손을 떠나 돈을 받고 일하는 전문인의 손에 맡겨져 있다."

—《죽어가는 자의 고독》중에서

죽어가는 부모일지라도 함께 죽음을 맞이할 의례는 사라져버렸으며 죽음을 위로할 언어와 유머도 잃어버렸다. 침묵 속에서 죽어가는 자와 이별하고 시체는 악취 없이 위생적으로 처리되어 병실에서 무덤으로 신속하게 처리된다.

죽어가는 자들은 화려한 사회의 뒷골목으로 밀려나 소외되고 은폐된다. 아니 은폐되어야 한다. 위생적이고 깔끔한 도시의 경관을 위해서다. 죽음은 사회에서 망각됐고, 위생적으로 제거됐다. 죽어가는 자는 죽음을 홀로 감당하는 고독 속에서 홀로 죽음을 맞이하고, 살아 있는 자들은 얼른 죽음을 처리하고 삶의 세계로 복귀한다. 우리는 자신의 실존적 죽음을 망각한 것이 아니라 타인의 사회적 죽음을 망각한 시대를 살고 있다.

| 인간적인 죽음이란 무엇일까?

하이데거는 개인이 죽음을 망각한 실존적 문제를 제기했지만, 죽음은 단지 한 개인의 실존적 문제일 수만은 없다. 엘리아스는 현대사회 속에서 죽음을 처리하는 방식을 묻는다. 이런 맥락에서

엘리아스의 문제의식은 죽어가는 자가 맞이하는 고독한 죽음만을 의미하지는 않는다.

고독한 죽음을 맞이하는 사람들은 단지 생물학적 죽음을 기다리는 사람만은 아니다. 이 사회 속에서 죽은 듯이 살아가는 사람들의 삶 또한 망각되고 은폐되어 있다. 그들은 이미 사회적으로 버려진 채 비참한 삶을 살아간다. 이들은 죽어가는 사람만큼 고독하게 죽어간다. 이들에 대한 예의와 관심은 상조회사에게 돈으로 떠맡기는 것만큼도 없다.

죽은 듯이 살아가는 그들의 사회적 죽음은 생물학적 죽음만큼이나 뒷골목으로 은폐되고 무시된다. 이런 현실에서 아무리 호사스런 웰빙과 개인적인 차원의 웰다잉을 준비한다고 해도 병원에서 무덤까지 신속하게 처리되는 죽음의 고독을 피할 수는 없다. 죽음을 의연하게 받아들일 수도 없다. 왜 그럴까?

엘리아스에 의하면 그것은 개인화된 삶의 의미 때문이다. 엘리아스는 실존주의자들이 죽음 앞에서 실존적 의미를 깨닫는 일을 비판한다. 실존주의자들은 고립된 개별적 인간의 실존적 의미를 찾으려 한다는 것이다.

의미 개념을 이렇게 이해하는 것은 그들이 가지고 있는 인간 존재에 대한 이미지만큼이나 잘못된 것이다. 우리가 의미라고 부르는 것은 이러저러한 식으로 서로에게 의존하고 서로 의사소통을 하면서 집단생활을 하는 사람들에 의해 구성된다. '의미'는 사회적 범주이다.

—《죽어가는 자의 고독》중에서

엘리아스에 따른다면 삶의 의미는 단지 혼자만의 실존적 의미가 아니라 오히려 다른 사람에게 어떤 의미를 가지는가에 달려 있는 사회적이고 윤리적 범주다. 하지만 현대사회는 많은 사람들이 자신을 다른 사람과 전혀 다른 독특하고 독립적이고 고립된 존재로 간주한다. 그래서 자신만의 고유한 의미, 다른 사람들과는 구분되는 독자적인 의미를 찾는다.

홀로 독자적이고 실존적인 의미를 추구할 때 결과하는 죽음은 홀로 감당해야 할 고독한 죽음이다. 사회적으로 망각되어 죽은 듯이 살아가는 사람들의 고통과 함께하지 못했기 때문이다. 타인들과 함께하는 삶의 도리와 의미를 실천하지 못했을 때 어찌 죽음을 의연하게 받아들일 수 있겠는가?

그러니 의학적인 측면에서 편안한 죽음이 아니라 철학적인 측면에서 인간적인 죽음을 맞이하기 위해서는 사람들과 함께 살아가는 삶의 의미를 준비하고 연습해야 한다. 자신의 죽음을 의연하게 대면하기 위해서 사회적으로 죽어가는 사람들의 살아 있는 죽음을 의연하게 대면해야 한다. 살아 있는 동안 사람들과 의미를 함께 나누는 감동을 여한 없이 누릴 때 죽음을 의연하게 받아들이며 이렇게 말할 수 있을 것이다. "이것으로 족하다Es ist gut"

노베르트 엘리아스의 《죽어가는 자의 고독》

난 어릴 적 고생을 몰랐다. 아버지 덕택이다. 아버지는 2016년 2월 15일 응급실에서 돌아가셨다. 한밤중에 응급실에서 깨어났을 때 아버지의 "뭣 하러 왔어" 하는 무심한 한 마디에 "어서 주무세요, 아침에 다시 올게요"라고 했지만 아버지의 눈빛을 제대로 쳐다볼 수가 없었다. 왜 그랬을까에 대한 답변은 알고 있는 듯 모르는 척하는 듯 말할 수 없지만, 다시 새벽 병원 응급실에서 아버지는 이미 의식을 잃고 계셨다. 아버지는 이 자식의 작별 인사도 제대로 받지 못하고 너무 성급하게 떠나셨다.

죽음에 대해 생각했던 그런 때가 있었다. 그때 우연치 않게 손에 들었던 책이 노베르트 엘리아스의 《죽어가는 자의 고독》이었다. 그때 깨달았다. 난 추상적인 죽음을 알고 싶었던 것이 아니었다. 오히려 구체적인 사람들의 죽음, 죽은 사람들, 그리고 죽어가는 사람들이 알고 싶었던 것이라는 사실을. 엘리아스는 이렇게 말한다.

"우리 시대에 죽어가는 사람들 곁에서 살아 있는 사람들이 느끼는 각별하다고 할 당혹감은 죽음과 죽어가는 사람이 사회생활로부터 최대한 배제되어 있다는 점, 그리고 죽어가는 사람들을 다른 이들로부터 철저히 격리한다는 사실과 밀접하게 연관되어 있다. 죽어가는 사람 앞에서 사람들은 마땅히 할 말을 알지 못한다."

난 죽어가는 아버지에게 무엇을 말할 수 있었을까. 아니 죽어가는 아버지에게 무엇을 말할 것인가를 고민하지 말았어야 했다. 살아 있는 아버지께 무엇을 말할 것인지를 생각해야 했으며 살아 있는 아버지께 "어서 주무세요, 아침에 다시올게요"라고 말해서는 안 되는 것이다.

엘리아스는 죽음의 병상에서 무덤으로 너무도 완벽하게 처리되는 죽어가는 사람들의 고독을 말하지만, 사실 죽어가는 사람들이 병원에만 있는 것은 아니다. 이 사회 그 어딘가에는 이 사회가 철저히 배제해버린 살아 있으면서도 죽은 듯이 살아가는 사람들이 있다.

죽음은 은폐되고 삶은 전시된다. 죽어가는 자들은 음침한 뒷골목으로 내몰리고 산 자들은 양양한 대로를 뻔뻔하게 거닌다. 하여 자신은 이 양양한 대로를 뻔뻔하게 걸을 생각만을 하면서 죽어가는 사람들에게 "어서 주무세요, 아침에 다시올게요"라고, 나는 어쩌면 우리는, 그런 무심한 말을 죽은 듯 살아 있는 사람에게 해서는 안 되는지도 모른다.

一
비
밀
이
하
나
둘
늘
어
가
요

가끔 모른 척을 한다. 모른 척할 나이다.
비밀이 사라지는 시대에 모른 척하는 눙침은 상대의
비밀을 보호해주기도 한다. 침묵의 미소는 말할 수
없는 비밀을 남몰래 공유하면서 굳건하게 연대할 수
있는 기술이기도 하다. 침묵이 사라진 시대다.

| 비밀이 늘어가는 나이

비밀이 불가능한 시대다. 속마음을 감추지 않고 사심 없이 노골적으로 드러내기를 부추기는 사회다. 솔직함이 미덕이다. 솔직한 것이 자연스러움이며 자연스러움이 인간적이라고 못을 박는다. 비밀스러움은 음흉한 흉계가 아니면 위선일 뿐이다. 민주사회에서 정보의 공개는 누구에게나 요구할 수 있는 권리이며 모든 일에서의 투명성은 공명정대한 사회에서 지켜야 할 의무이기도 하다. 하지만 공적인 영역에서의 미덕이 사적인 영역에서는 악덕이 될 수도 있다.

나이가 들어서 늘어나는 것은 비단 주름과 흰머리만은 아니다. 누구에게도 말하고 싶지 않거나 말해서는 안 되는 비밀이 늘어나는 시기다. 감추고 싶은 것들을 사람들에게 차마 말하지는 못하기에 혼자만의 비밀로 간직하고 싶은 것이다.

비밀이란 누구에게나 솔직하게 의무적으로 공개되어야 할 정보가 아니라 홀로 향유되어야 마땅한 은밀함인 경우도 있다. 파스칼 키냐르가 소설《은밀한 생》에서 "영혼을 가지고 있다는 것, 그것은 비밀을 지녔다는 뜻이다"라고 했듯이 비밀이란 한 인간의 감추어진 영혼이다. 또한 소설가 이상李箱의 말처럼 "사람에게 비밀이 없다는 것은 재산이 없는 것처럼 가난하고 허전한 일"인지도 모른다.

그렇다면 타인의 비밀스러움을 궁금해하며 어서 솔직하게 털어놓으라고 압박하는 것은 타인의 비밀스런 재산을 강탈하려는 것과도 같다. 결국 강탈한 비밀을 '너만 알고 있어야 해' 하면서 주변 사람들에게 경솔하게 누설하는 즐거움을 만끽하는 호사가들이 많다.

이성복 시인의 〈서해〉라는 시가 있다.

아직 서해엔 가보지 않았습니다.
어쩌면 당신이 거기 계실지 모르겠기에

그곳 바다인들 여느 바다와 다를까요.
검은 개펄에 작은 게들이 구멍 속을 들락거리고
언제나 바다는 멀리서 진펄에 몸을 뒤척이겠지요.

당신이 계실 자리를 위해

가보지 않은 곳을 남겨두어야 할까 봅니다.

내가 다 가보면 당신 계실 곳이 남지 않을 것이기에

내가 가보지 않은 한쪽 바다는

늘 마음속에서나 파도치고 있습니다.

— 이성복, 시집《그 여름의 끝》 중에서

    내가 다 가보면 당신이 계실 자리는 남아 있지 않게 된다. 감추어진 모든 것을 다 알게 되면 타인이 마음 편히 쉴 자리도 없어진다. 그곳이 그립지만 가보지 않으려는 이 모순된 태도는 상대가 홀로 감당해야만 하는 비밀에 대한 배려이고 사랑이 영원하기를 바라는 역설이다.

    그것은 일부러 만나보려고 하지 않는 고의적인 유예이며 아낌이다. 알 수 있었는데도 알지 못하는 것으로 규정하고 괄호를 쳐 넣는 물음표다. 그래서 알면서도 모르는 척하는 흉물스러움이다. 당신이 계실 곳을 남겨두어 사랑이 다칠까를 염려하는 두려움이다. 인생이란 그런 것들이 필요한지도 모른다. 완전히 이해되지 않는 결핍과 신비가.

가끔 모른 척을 한다. 모른 척할 나이다. 비밀이 사라지는 시대에 모른 척하는 능청은 상대의 비밀을 보호해주기도 한다. 침묵의 미소는 말할 수 없는 비밀을 남몰래 공유하면서 굳건하게 연대할 수 있는 기술이기도 하다. 침묵이 사라진 시대다.

무협 소설을 정파正派와 사파邪派 간의 치열한 싸움이라고 읽는 것은 순진한 독해다. 정파에도 악인이 있고, 사파에도 의인이 있다. 정파가 선한 결과를 가져오는 것도 아니고, 사파가 악한 결과를 초래하는 것만도 아니다. 무림의 고수는 정파를 고집하지도 않고 사파를 경멸하지도 않는다.

우리 강호 세계에서 최고의 고수는 누구일까? 중년들이다. 유년은 순진하긴 하되 맹목적이고, 청년은 활력은 넘치지만 서툴고, 노년은 지혜로워야 하는데, 그저 고집불통이다. 그렇다면 중년은? 음흉하다.

이 중년들은 정파와 사파로 단순히 구별될 수 없을 정도로 복잡하다. 가히 강호의 최고봉이라 할 만하다. 그러나 이 시대의 중년들은 강호의 최고봉이라는 말이 무색할 정도로 외롭다. 외로울 뿐 아니라 이 외로움을 아무도 알아주지 않기 때문에 더욱더 처연하다.

아마도 음흉함은 이 처연한 외로움에서 나온 막다른 대처인지도 모른다. 상처받은 사람이 가질 수 있는 불안에 대한 방어다. 세상에는 믿을 것이 없고, 믿었던 사람들은 모두 떠나갔다. 이런 불신이 잉태하는 것이 뜻밖에도 교활함이다. 교활함은 몹시 간사하고 나쁜 꾀로 가득한 것이다. 이기적인 계산 능력이나 간사한 술수다. 하지만 이러한 계산 능력이나 간사한 술수는 단지 개인적인 이기심에서 나온 것만은 아니다.

진화심리학에 따른다면, 동맹과 연합을 결성하는 데 필요한 능력이다. 인간은 생존의 문제를 해결하는 데에 상호 이타적인 동맹과 연합을 결성하는 방향으로 진화해왔다. 이 과정에서 배신을 겪는다. 당연히 인간은 타인의 마음을 읽고, 타인을 속이고, 타인을 조종하기 위한 능력이 진화한다. 이것을 '마키아벨리 모듈module'이라고 한다. 상호 신뢰가 충돌했을 때 미묘한 균형을 유지하기 위해 정교한 사회적 판단 능력이 누적된다.

흔히 마키아벨리즘Machiavellism을 어떤 목적을 위해 어떠한 수단이나 방법도 허용하는 교활한 정치술이라고 한다. 마키아벨리에게 강조되어야 할 것은 도덕과 정치의 분리다. 마키아벨리의 위대성은 바로 현실을 무시하고 원칙만을 강조하려는 도덕주의자들과 현실에 유연하게 대응하여 최선을 실현하는 정치가를 구별했다는 점이다.

> 모든 것을 신중하게 고려할 때, 얼핏 유덕한 것으로 보이는 어떤 일을 하는 것이 자신의 파멸을 초래하는 반면, 일견 악덕으로 보이는 다른 일을 하는 것이 결과적으로 자신의 입장을 강화시키고 번영을 가져오는 경우가 있기 때문이다.
>
> ―마케아벨리,《군주론》

마키아벨리에게서 교활함이란 자신의 이득을 실현하기 위한 간사한 술수가 아니다. 현실의 흐름을 읽어내고 그것을 해결하려는 정교하면서도 냉정한 역량이다. 마키아벨리에게서 역량으로 번역되는 비르투virtu란 항시 '네세시타Necessita'라는 개념과 함께 이해해야 한다.

'네세시타'는 흔히 행위의 필연성으로 번역된다. 자신의 이득을 위해 자의적인 판단에 따라 행하는 것이 아니라 어찌할 수 없는 현실적이고 필연적 요구에 따라 행하는 것이다. 시세時勢의 문제이며 타이밍의 문제다.

냉정함이란 냉혈과는 다르다. 모른 척한다는 것은 무관심한 방관의 냉혈이 아니라 모든 것을 잘 알기에 오히려 모른 척할 수밖에 없다는 현실적 판단에서 나온 냉정한 행위다. 그 냉정한 행위가 오히려 따스한 마음을 전할 수 있기에 무관심한 태도가 아니다.

| 모르는 척하는 음흉함

우리나라 사람만큼 타인의 삶에 간섭하고 개입하려는 사람도 없다. 상대의 비밀스런 정보를 캐내고 입소문을 내고 험담을 하고 뒷담화를 나누기도 한다. 원치 않은 개입 때문에 친밀해지려는 의도가 오히려 소원한 관계로 변질되기도 한다.

그럴 때 잘 알고 있지만 개입하지 않는 담담함은 무관심의 악덕이 아니라 관계를 오래 지속시킬 수 있는 미덕인 경우도 있다. 무관심의 냉담이 아니라 모른 채 할 수밖에 없는 침묵의 따스함이다.

모든 것을 다 아는 투명한 관계는 오히려 서로에 대해 부담이 될 수 있다. 철학자 페터 비에리Peter Bieri는《삶의 격》에서 존엄성을 이렇게 규정한다.

존엄성이란 사적인 것에 대해서 말을 아낌으로써 타인과의 사이에서 유지되는 간격에 존재하는 것이다. 이 간격이 필요한 이유는, 침묵의 경도硬度를 조금 무르게 함으로써 사람 사이의 친밀함을 만들어낼 수 있기 때문이다. 우리가 유리처럼 투명하다면 친밀감도 존재하지 않을 것이다. 좁혀야 할 거리라는 것이 애초부터 없기 때문이다.

아는 척 하는 것은 허세지만, 모른 척하는 것은 교활함이다. 나이가 들면 들수록 늘어나는 것은 허세와 교활함이다. 모든 것은 장단점이 있다. 허세를 부릴 때도 있어야 한다. 모른 척해야 할 때도 있다. 모른 척해야만 할 때 모른 척 눙치는 것은 기만의 교활함이 아니다.

《귀곡자鬼谷子》는 교활한 음모와 술수로 가득한 문헌이다. 무소불위한 군주를 설득할 수 있는 교활한 유세술을 다룬다. 상대의 마음을 이용하고 정보를 캐내어 어르고 달래서 자신의 이득을 취한다. 많은 유학자들은 이 《귀곡자》를 냉혈한 음모로 가득한 부도덕한 문헌이라고 판단했다.

음모陰謀의 사전적 정의는 '나쁜 목적으로 몰래 흉악한 일을 꾸미는 일'이다. 아무도 몰래 교활한 술수를 부리는 것이다. 그러나 아무도 몰래 한다는 것이 그렇게 부정적인 악덕일 수만은 없다. 이런 경험이 있지 않은가? 저 사람이 일부러 져주고 있다는 느낌이 드는 순간 말이다. 물론 일부러 져준다는 느낌을 주어서는 안 될 일이다.

귀곡자가 말하는 음모의 전략적 방식은 공을 이루었는데, 누가 어떻게 그 공을 이루었는지를 아무도 모르면서도 그 공의 효과를 모두가 누리게 되는 효과를 가져온다. 그렇다면 음흉한 것이 아니라 오히려 상당히 도덕적인 방식일 수가 있다.

예수는 왼손이 하는 일을 오른손이 모르게 하라고 했다. 사람들은 선을 베풀면서도 마음 한편으로는 남이 알아주길 원하는 마음이 있다. 남이 알아주기를 원하는 마음을 가지고 선을 행한다면 그것은 완전한 선행은 아니다.

도덕적 선행의 차원만이 아니라 일상생활에서 단순한 충고와 도움조차도 티 나게 노골적으로 드러낸다면 오히려 역효과가 날 수 있다. 인간의 심리는 미묘해서 자신의 속마음을 드러내기를 꺼려하거나, 하라고 하면 더욱 하기 싫은 경우가 있다.

아무리 도덕적인 충고일지라도 강제한다면 '너나 잘해' 하고 저항한다. 모든 일에 대해서 과도하게 꼬치꼬치 캐묻고 따져서 논리적으로 따지려는 태도는 현명한 태도가 아니라 피곤한 일이다.

올바른 논리와 명확한 사실에 근거할지라도 가르친다는 태도나 무시하는 느낌을 주는 충고나 도움은 역효과를 일으킨다. 비웃음 섞인 조롱, 섣부른 참견, 경솔한 동정을 기반으로 한 개입은 아무리 올바른 진리에 근거하고 있다고 해도 먹히지 않는다.

사람들은 이성적 판단을 근거로 논리적으로 관계하는 것이 아니다. 오히려 정서적으로 감동하면서 감성적으로 관계한다. 올바른 진리는 중요하다. 그러나 올바른 진리를 상대에게 통하게 하는 방식도 중요하다. 인간은 진리가 담긴 논리와 사실일지라도 어떤 감성적 태도에 기반하느냐에 따라서 다르게 반응하는 동물이기 때문이다.

| 상대가 모르게 개입하기

귀곡자의 핵심은 조롱과 참견과 동정을 기반으로 한 개입이 아니다. 오히려 상대에게 자신이 개입하고 있다는 의식을 갖지 않게 하면서도 개입하는 일이다. '넛지nudge'라는 말이 있다. 《넛지》라는 책으로 유명해진 말이지만 넛지의 사전적인 의미는 '팔꿈치로 슬쩍 찌르다', 혹은 '주의를 환기시키다'라는 뜻이다.

넛지란 간단히 말하면 '타인의 선택을 유도하는 부드러운 개입'을 의미한다. 부드럽다는 것은 타인의 선택을 강제하지 않으면서도 타인의 선택을 유도할 수 있는 어떤 개입을 한다는 의미다. 귀곡자 또한 이런 강압적이지 않은 방식으로 개입하려 한다.

> 사람이 원하지 않는 것을 그 사람에게 강제하지 말고 그 사람
> 이 알지 못하는 것을 그 사람에게 강제로 가르치려고 하지 말
> 라.〔無以人之所不欲而强之於人, 無以人之所不知而敎之於人〕

그러나 그렇다고 해서 무책임한 방치를 말하는 것이 아니다. 직접적인 개입보다는 우회적인 개입을 선호한다. 권위적인 개입보다는 상대가 의식하지 않게 하면서 개입하는 것이다. 왜 상대가 의식하지 않도록 애써야 하는가?

그것은 상대가 가진 은밀한 수치나 비밀을 건드리지 않기 때문이다. 그것을 건드렸을 때 저항을 일으키고 반감을 산다. 모른 척하는 흉물스러움이지만 그 효과는 긍정적이다. 개입을 당한 상대방이 자신이 개입을 당하거나 조정을 당하고 있다는 사실을 의식하지 못한다.

개입과 조정을 당하고 있다는 생각이 든다면 기분 나쁠 뿐 아니라 원한을 가질 수 있다. 진리일지라도 개입과 조정을 통해서 강제당하는 것은 효과가 없다. 스스로 그 진리를 깨달았다고 느끼도록 개입해야 한다.

> 성인의 전략적 방식은 아무도 모르게 은밀하게 진행하지만
> 어리석은 사람의 방식은 성급하게 겉으로 모든 것을 드러낸

다. 〔故聖人之道陰, 愚人之道陽〕

　강제하지 않으면서 어떤 일을 하도록 만드는 방법은 자연스럽게 특정한 환경 조건을 만들어서 좀 더 바람직한 결과를 유도하는 것이다. 좋은 목적일지라도 그것을 수월하게 행할 수 있는 조건을 만들어주지도 않고서 그것을 행하라고 다그치는 것은 폭력이다.

　넛지에 관해 흔히 드는 예가 남자 화장실의 하얀 변기 아래쪽에 파리를 그려 넣는 것이다. 사소한 일인 것 같지만 간단한 장치를 설치했는데 화장실이 깨끗해지는 효과가 나왔다는 것이다. 아무렇게나 소변을 보던 남자들이 파리를 집중해서 겨냥하면서 소변이 튀지 않게 되었다.

　이렇게 파리를 그려 넣은 장치를 만드는 것은 소변을 함부로 보는 행위에 개입하는 것이지만, 개입당하고 있다는 사실을 의식하지 못하게 하면서 바람직한 결과를 유도하는 개입이다. 이는 상대를 가르치려 들거나 강제하지 않는 듯 보이지만, 실제적으로 타인의 변화를 일으키는 '영향력'을 가지고 있다.

　타인의 마음은 강제할 수 있는 것은 아니다. 그것이 진리일지라도 마찬가지다. 설득이란 상대의 생각을 나의 생각으로 바꾸는 것이 아니다. 상대가 스스로 설득하고 스스로의 생각을 바꾸도록 어떤 조건을 만들어서 상대가 스스로 결정하도록 만드는 계기만을 줄 뿐이다. 귀곡자는 이렇게 표현한다.

성인은 항상 개입하지 않지만, 개입하지 않는 것도 없다〔聖人
無常與, 無不與〕

이것은 개입하지 않는 것이 아니라 개입하는 것을 상대가 모
르게 하는 것이다. 아무리 선한 의도일지라도 좋지 않은 결과를
야기할 수도 있다. 인간에 대한 믿음과 존엄성을 버리지 않고 그
사람에게 어떤 영향력을 미친다는 것은 은밀한 비밀을 마음 깊
숙이 감추고 사는 성숙한 어른들의 음흉한 자세가 아닐 수 없다.

고전
읽기

《귀곡자》

아무도 알려고 하지 않았고 아무에게도 알려지지 않은 책. 그래서 아
무도 모르는 것 같지만 실은 누구나 귀곡자가 전한 삶의 노하우를 삶
속에서 실천하고 있는 역설적 문헌. 때문에 역사의 안개에 가려진 비
서祕書. 이제 그 안개가 걷히기 시작하는 무렵 서서히 전모를 드러내기
시작하는 귀서貴書.

《귀곡자》는 위서僞書라느니, 저자가 누구라느니, 신선방술神仙方術
과 병가兵家, 심지어 점술과 관련된다느니 하는 등 여러 가지 이견이
분분한 책이다. 최근 중국의 연구 결과에 따르면 전국시대 중기에 실
존한 인물의 저작임은 분명하다.

《귀곡자》는 상대의 정보를 염탐하여 그의 심리와 약점을 이용하고,
상대를 뺨치고 어르고 달래고 위협하고 띄워주며 칭찬해서 신뢰와 총
애를 얻는 유세의 기술에 대해 이야기한다. 유학자들은 이런 《귀곡자》
를 소인배의 책, 권모술수의 궤변을 늘어놓은 책으로 여겼다. 권모술

수와 음모는 비열한 술수다. 하지만 고고한 도덕을 고집하면서 무시해서도 안 되는 노하우다.

《귀곡자》는 전국 시대 종횡가縱橫家와 밀접하게 관련이 있는 문헌이다. 《한서》〈예문지〉에서는 종횡가를 이렇게 평가한다.

> "종횡가의 유파는 행인行人의 관직으로부터 나왔다. (…) 그 말이 상황에 합당했고 임기응변으로 일을 마땅하게 처리했다. 군주의 명령을 받되 구체적인 행동 명령은 받지 않았다. 이것이 이들의 장점이다. 그러나 나쁜 의도를 가진 사람이 이를 행한다면 사기술만을 숭상하고 신의는 저버린다."〔縱橫家者流, 蓋出於行人之官, (…) 言其當權事制宜, 受命而不受辭, 此其所長也, 及邪人爲之, 則上詐諼而棄其信〕

행인이란 외교관을 의미한다. 외교관들은 정치적이고 언어적 능력에 뛰어난 사람들이다. 플라톤이 시인을 추방했고 소피스트sophist들의 수사학修辭學을 비난했듯이 공자는 정나라 음악을 물리치고 말재주 좋은 사람을 멀리했다.

선진 제자 가운데 말재주로 유명한 종횡가는 주목받지 못했다. 서양철학에서도 소피스트들은 주목받지 못했다. 그러나 요즘 소피스트에 대한 재평가 운동이 일어나고 있다. 현대 민주주의 정치사회에서 소피스트의 수사학이 주목받는다. 마찬가지다. 종횡가도 이런 맥락에서 다른 방식으로 사유할 필요가 있다.

《한비자》가 군주의 권력을 호시탐탐 노리던 탐욕스런 신하들을 다스리는 군주의 통치술에 관한 책이라면《귀곡자》는 화를 당하지 않으면서 포악하고 어리석은 군주를 제어하는 신하들의 정치적 전략과 유세술에 관한 책이다.

현대 민주주의는 한 사람의 군주가 통치하는 시대가 아니다. 리더들이 중요한 것이 아니라 리더의 전횡을 압박하고 제어하는 시민들의 언어의 힘과 정치적 능력이 강조되어야 한다.《귀곡자》가 강조하는 것이다. 권력에 대항하는 수사적 기술과 전략들이다.

― 왜 꼰대라고 부를까요?

나이가 들어서 열어야 할 것이 단지 지갑만은 아니다.
드러나지 않은 소리를 경청할 수 있는
두 귀를 열고, 보이지 않은 마음을 거짓 속에서도
읽어낼 수 있는 마음을 열어야 하지 않을까?

셋,

무관심

| 거짓 이면에 감춰진 진실

사람들은 거짓말을 하는 사람을 증오하려고만 하지 이해하려고 하지 않는다. 거짓을 싫어하고 진실을 존중한다고 생각하기 때문이다. 하지만 거짓과 진실이 대립적인 두 가지가 아니라, 뫼비우스의 띠처럼 서로 연결되어 있다면? 거짓말 이면에 감추어진 진실을 볼 수 있다면 그 거짓은 결코 추하지 않다. 마찬가지로 진실한 말에 감추어진 거짓을 볼 수 있다면 그 진실은 섬뜩할 수 있다.

아쿠타가와 류노스케의 소설을 원작으로 한 구로사와 아키라 감독의 영화 〈라쇼몽〔羅生門〕〉은 바로 이 거짓 이면에 감추어진 진실이나 진실 이면에 감추어진 거짓에 관한 영화다. 매우 단순한 줄거리이지만 다이너마이트처럼 파괴력이 있다.

사무라이 하나가 깊은 숲에서 살해되고 그의 아내가 강간당한다. 이것은 분명 사실이다. 시체를 발견한 사람의 신고로 관련된 사람들이 관가에 모인다. 그러고는 각자 사건에 관해서 진술하기 시작한다.

그러나 범행을 인정한 산적, 강간당한 아내, 무당의 입을 빌려 말하는 사무라이, 사건을 목격한 증인까지 모두 다른 말을 한다. 그들은 진실을 말하고 있을까, 아니면 거짓을 말하고 있을까? 인간은 자기가 믿고 싶은 것만을 기억할 뿐이다.

산적은 남편을 죽여 달라는 여자의 요구로 사무라이와 결투하여 멋지게 승리한 자신을 의기양양하게 드러내며 자신이 죽였다고 한다. 아내는 정조를 지키지 못한 자신을 혐오하는 남편에 대한 원망과 억울함을 드러내면서 자신이 죽였다고 한다. 무당의 입을 빌린 사무라이는 정조를 지키지 못하고 산적과 떠나려는 아내에 대한 원망을 드러내며 스스로 자결했다고 한다.

그리고 나무꾼인 목격자가 있다. 나무꾼은 모든 사람들이 거짓말을 하고 있다고 하면서 자신이 목격한 진실을 말한다. 진술한 사람들과는 전혀 상반되는 이야기다. 과연 나무꾼은 진실을 말하고 있을까? 그 또한 보석이 박힌 여자의 단검을 훔쳤다는 사실을 숨기고 있다.

모두 거짓말을 하고 있는 것일까? 아니다. 모두 거짓말을 통해 자신의 진실을 감추거나 드러내고 있다. 산적은 멋지게 승리했

마흔의 단어들

다는 거짓말을 통해 자신을 감추었지만 비굴했던 자신을 감추고 싶다는 진실을 드러냈다.

아내는 자신이 죽였다는 거짓말을 통해 남편에 대한 원한을 드러냈지만, 동시에 자신을 원망하는 남편에 대한 아쉬운 사랑이 감춰져 있는지도 모른다. 사무라이는 정조를 지키지 못한 아내에 대한 원망을 드러냈지만, 그 속에는 아내에 대한 아쉬운 사랑이 감춰져 있다. 나무꾼은? 사람들에 관한 진실을 말하는 것 같지만 자신이 숨기고 싶은 사실을 감추고 있다.

살인이라는 사실은 하나지만 사람들에게서 드러난 진실은 다르다. 객관적인 사실은 분명히 있다. 사람들이 받아들이고 기억하는 사실들이 다를 뿐이다. 받아들이고 기억하는 과정에서 어떤 사실은 축소하고 어떤 사실은 은폐하며 또 어떤 사실은 과장하고 어떤 사실은 도드라지게 드러낸다. 모두 진실을 말하는 것이 아니라 자신이 믿고 싶은 진실만을 드러낸다. 영화 〈라쇼몽〉은 인간이 각자 진실이라고 믿고 이야기하는 그 믿음의 진실성을 반성하게 한다.

나무꾼의 이야기를 듣고 있던 사람이 둘이 있었다. 평민과 승려다. 평민은 끝까지 나무꾼의 이야기를 믿지 않으면서 나무꾼과 다툰다. 승려는 사람들을 믿지 않는 세상은 지옥과 같다고 중얼거린다. 하지만 어쩌면 거짓말이 난무하는 세상이 지옥이 아니라, 거짓말을 이해하려고 하지 않는 세상이 지옥인지도 모른다.

| 멘토와 꼰대의 차이

꼰대와 멘토의 차이는 무엇일까? 꼰대의 대표적인 특성은 자신의 경험을 일반화한다는 것이다. 흔히 '내가 해봐서 아는데'라는 어법으로 표현된다. 자신의 믿음을 강요하면서 상대의 말을 듣지 않는다. 멘토라면 그저 웃으면서 상대의 말을 경청한다. 상대의 의도를 이해하고 자신의 믿음을 보여줄 뿐이다. 그 효과는? 꼰대에게는 저항하고 멘토는 신뢰한다.

나이가 들면서 의식하지 못한 습관이 있다. 술자리에서건 일상생활의 대화에서건 괜히 한마디씩 거든다. 나이가 들어서 가르치려는 버릇은 단지 직업병만은 아니다. 어쩌면 아는 것을 과시하려는 조급증이거나 자신의 속내를 들키지 않으려는 기만적 자기방어일 수도 있다. 혹은 널 걱정하고 있다는 선한 의도를 일부러 드러내려는 교활함인지도 모른다.

야단惹端스럽다 혹은 야단친다는 말이 있다. 떠들썩하게 일을 벌이거나, 남을 꾸중하고 트집을 잡아 상대를 제압하는 행위다. 이 야단이라는 말이 재미있다. 그 어원은 '야기요단惹起鬧端'이다.

'야기'란 '야기하다'라는 말이 있듯이 뭔가를 일으킨다는 뜻이고 '요단'이란 시끄러운 사단事端이다. 야단은 남의 잘못을 꾸중한다는 뜻이기도 하지만, 그 원래의 뜻은 쓸데없는 사단을 떠들썩하게 일으켜서 일을 더 복잡하게 만든다는 의미다. 야료惹鬧를 부린다는 말도 하는데, 야료란 까닭 없이 트집을 잡고 마구 떠들어대는 짓을 말한다.

《도덕경》에는 이런 말이 있다.

아는 사람은 말하지 않고, 말하는 사람은 알지 못한다.〔知者不言, 言者不知〕

이 말에 대해 일반적으로 비트겐슈타인의 "모르는 것에 대해서 침묵해야 한다"는 말과 관련해서 철학적으로 해석하고 있다. 그러나 이 말의 의미에 관해서 먼저 이렇게 물어야 한다. 무엇을 아는 사람이 무엇을, 왜 말하지 않았는가? 혹은 무엇을 말하는 사람이 무엇을, 왜 알지 못했다는 말일까?

노자의 이 구절에 대한 왕필王弼, 226~249의 해석은 탁월하다. 왕필은 과연 천재답게 주석을 달았다. "말하는 사람은 알지 못한다"는 말에 단 한 마디만 한다. "사단을 조장한다〔造事端也〕.' 말하는 사람이 알지 못하는 것은 두 가지다. 자신이 한 말이 어떤 사단을 야기할지를 모른다. 자신의 의도나 상대의 의도가 어떠한지도 모른다.

아는 사람은 어떤 사단이 일어날 것을 미리 안다. 자신의 의도와 상대의 의도가 어떠한지도 알고 있다. 그래서 쓸데없는 사단을 조장하지 않고 "자연스러움에 따라 흘러가도록 한다〔因自然也〕." 촌철살인이다.

무엇을 안다고 생각하는 사람들은 그 앎 때문에 어떤 것들이 분명하고 또렷하게 보이기 시작한다. 꼴사나운 일들, 부정의한 일들, 사소한 오점들 등등이 눈에 들어오는 것이다. 참지 못하고 지나치게 시시콜콜 따지고, 모든 것을 명명백백하게 백일하에 드러내놓고, 시비를 가리려 한다.

문제는 눈앞에 드러난 것들에 가려서 눈앞의 것들을 드러나게 하는 이면의 맥락과 의미들을 이해하지 못한다는 점이다. 자신의 말이 어떤 사단을 일으킬지조차 고려하지 않는다. 사단이 일으킬 수 있는 효과를 심사숙고할 수 있는 여유와 유연성이 떨어지는 것이다.

더욱더 큰 문제가 있다. 야단치려는 의도가 자신의 앎을 드러내고자 하는 과시욕이나, 타인을 제압하려는 권력욕이나, 너를 위하고 있다는 배려를 도드라지게 하려는 허영심 때문일 수도 있다. 이러한 것에 가려서 상대의 진실한 의도가 무엇인지조차 알려고 하지 않는다.

깊이 심사숙고할 여유가 없이 내뱉은 사소한 말 한 마디가 사단이 일으키고 사건을 잉태한다. 시간이 지나면 사소한 사단은 눈앞의 현실이 되고 잉태된 아이가 세상으로 나온다. 감당하기에는 이미 늦은 때다. 아는 사람은 이것을 안다.

그렇기 때문에 꼰대란 야단스럽게 문제를 지적하면서 우월감과 권력을 확인하고 싶어 하는 사람들이다. 멘토는 자신의 우월감과 권력욕에 차 있지는 않다. 오히려 상대의 의도와 상대의 성장을 먼저 고려하면서 눈높이를 맞추려 한다. 멘토와 꼰대의 차이는 여기에 있다.

"아는 사람은 말하지 않고, 말하는 사람은 알지 못한다." 노자의 이 말을 이렇게 변형시켜 말할 수 있다. '진리와 거짓을 초탈한 도道를 아는 사람은 진리라고 생각한 것을 말하지 않는다. 진리라고 생각한 것을 말로 강제하려는 사람은 이러한 도를 알지 못한다.'

예를 들어보자. 마흔 살이 넘은 어떤 남자가 나이 어린 젊은 여자에게 자신의 나이가 서른 살이라면서 사랑을 고백했다고 하자. 남자의 사랑 고백에 놀란 여자는 그 남자가 마흔이 넘었다는 점을 느낌으로 알고 있다. 그럴 때 이 여자는 어떻게 반응해야 할까? 주민등록증을 꺼내보라면서 남자의 말이 거짓임을 증명하고, 그 남자가 마흔 살이 훨씬 넘었다는 진리를 밝혀야 할까?

아니다. 남자가 거짓말을 하고 있다는 점도 알고, 그가 거짓말을 할 정도로 나를 사랑하고 있다는 진실도 안다면, 시시비비를 따지기보다는 묵묵히 그의 사랑을 먼저 믿고 지켜볼 수도 있다. 거짓과 거짓 이면의 진실을 동시에 보는 것이다. 이러한 태도를 진리에 대한 무관심이라고 부를 수 있다.

거짓일지라도 그 사람의 진실이 감추어져 있다. 단지 우리가 그 진실을 보지 못할 뿐이다. 그래서 표면적 거짓말도 전체 맥락 속에서 본다면 어떤 진실이 감춰져 있다. 진리와 거짓을 초탈한 도를 아는 사람은 전체 맥락 속에서의 진실을 거짓말 속에서 보기 때문에 시시비비를 따져서 사단을 만들지는 않는다.

오히려 믿음을 보이면서 그와의 관계를 변화시킬 수 있는 노력을 행한다. 거짓말에 대해서 화를 내거나 거짓을 까발리고 진리를 성취해야 한다는 필요성도 느끼지 못한다. 타인을 믿지 못하기 때문에 오히려 타인을 거짓말쟁이로 만들 수도 있다.

"믿음이 부족하기 때문에 불신의 거짓이 있게 된다[信不足, 有不信]." 노자의 이 말은 한 사람이 가지고 있는 믿음과 불신의 문제를 지적하는 것이 아니다. 두 사람의 관계 속에서의 믿음의 영향력을 말하는 것이다. 내가 상대를 믿지 못한다면 상대도 나를 믿지 못하고 거짓을 행한다. 불신은 악순환한다.

> 선한 사람은 선하게 대하고 선하지 않는 사람도 선하게 대하니, 그 덕은 선하다. 믿음직한 사람은 내가 신뢰하고, 믿음직스럽지 못한 사람도 신뢰하니, 그 덕이 믿음직하다. [善者, 吾善之, 不善者, 吾亦善之, 德善. 信者, 吾信之, 不信者, 吾亦信之, 德信]
>
> — 노자,《도덕경》

모든 사람에 대한 전적인 신뢰와 무조건적 자비와 자신을 낮추는 겸손이다. 인간사를 선과 악이라는 이분법적으로 사고하는 것은 유아적 사고다. 인간사는 복잡하다. 강한 햇빛에는 언제나 그림자가 드리워지게 마련이다. 자신의 진리를 상대에게 강하게 주장하는 것은 동시에 상대를 거짓된 사람으로 만드는 일이다.

진리와 거짓, 선과 불선이라는 이분법을 초탈한 사람은 그 두

가지가 만들어지는 전체적인 맥락의 구조를 본다. 그럴 때 억지로 강제하지 않으면서도 모든 일을 이루고, 공을 이루면서도 그 공을 자기 것이라고 주장하지 않고, 사랑하면서도 상대를 소유하려 하지 않는다.

쇼펜하우어가 극찬했던 17세기 스페인 작가 발타자르 그라시안Baltasar Gracián은 인간의 미묘한 심리를 재치를 묘사하는 데에 탁월하다. 그는 이렇게 말한다.

늘 순진하지만 말고, 뱀 같은 교활함과 비둘기 같은 순진함을 골고루 구비하라. 정직한 사람처럼 속이기 쉬운 사람은 없다. 거짓말 안 하는 사람은 쉽게 믿고, 속이지 않는 사람은 쉽게 남을 신뢰한다. 그러나 늘 어리석어서가 아니라 호의 때문에 속아주는 사람도 있다. 속임수를 피하는 데 능숙한 두 종류의 사람이 있다. 경험이 있는 사람과 교활한 사람이다. 경험이 있는 자는 속임수에서 빠져나가려 하고 교활한 사람은 일부러 그 속임수로 빠져 들어가 준다.

—《세상을 보는 지혜》중에서

나이가 들어서 열어야 할 것이 단지 지갑만은 아니다. 드러나지 않은 소리를 경청할 수 있는 두 귀를 열고, 보이지 않은 마음을 거짓 속에서도 읽어낼 수 있는 마음을 열어야 하지 않을까? 단지 지갑만 열고 꼰대가 되어 가진 자의 엄살과 성공한 사람의 공치사만 늘어놓는다면 그만큼 듣기 싫은 소리는 없다.

《도덕경》

노자의 《도덕경》만큼 무정부주의에서 제국주의까지 그 해석의 스펙
트럼이 넓은 문헌도 없을 것이다. 이유가 없지 않다. 《도덕경》의 말들
이 다양한 해석을 가능하게 하는 함축적이고 추상적인 언어이기 때문
만은 아니다. 무위자연의 성인聖人의 정치와 제국주의적 자본가들의
정치까지 노자의 해석은 다양하다. 그만큼 애매모호함이다.

이렇게 정의할 수 있다. 성인과 사기꾼은 한끝 차이다. 공통점이 있
다. 첫째, 성인은 스스로 성인이라고 의식하지 않는다. 성인이 스스로
성인이라고 자처하면서 은혜를 베푼다면 성인이라고 할 수 없다. 마찬
가지다. 사기꾼도 스스로 사기꾼이라고 자처하지 않는다. 사기꾼은 스
스로 사기꾼이라고 떠벌리면서 사기 치지는 않는다.

둘째, 성인이 사람의 마음을 감동시키듯이 사기꾼도 사람의 마음을
현혹한다. 사람들을 홀리는 기술인지 유혹하는 매력인지 어쨌든, 사람
들에게 강한 영향력을 미치는 마력이 있다.

셋째, 성인이건 사기꾼이건 체득體得의 경지에 이른 사람이다. 〈범
죄의 재구성〉이라는 영화를 본 일이 있다. 사기꾼들에 관한 탁월한 영
화다. 이 영화에는 성인과 사기꾼에게 공통적으로 적용할 수 있는 대
사가 나온다. "청진기 대면 바로 진단 나와."

성인이건 사기꾼이건 이것저것 따져보지 않고서 청진기만 대면 곧
바로 진단이 나와야 한다. 머리 굴리고 주판알 퉁기면서 계산한다면
사기꾼 되기 한참 먼 것이다. 사기꾼 가운데 최고 고수는 청진기 대면
진단 바로 나오는 체득의 경지에 이른 사람이다. 하지만 성인이야말로

사려하거나 계산하지 않는 체득의 경지에 이른 사람이 아니었던가.

성인이건 사기꾼이건 청진기 대면 진단이 나오는 체득의 경지로 스스로 의식하지 않거나 타인이 의식하지 못하는 방식으로 사람들을 현혹한다. 정이천은 노자를 이렇게 평가한다.

"《노자》라는 책은 그 말이 물과 기름처럼 서로 부합되지 않으니 애초의 의도는 도의 극히 현묘한 곳을 말하고자 하였으나 나중에는 도리어 권모와 사술을 말하는 것으로 흘러버렸다. 예컨대 '취하고자 하면 반드시 주어야 한다'라는 말들 따위이다."〔老子書, 其言自不相入處如氷炭, 其初意欲談道之極玄妙處, 後來却入做權詐者上去, 如將欲取之, 必固與之之類〕

정이천이 보기에 노자라는 책은 매우 오묘한 지점을 말하는 듯하지만 결국에는 사기술로 빠진다는 말이다. 《노자》라는 책 자체가 문제라기보다는 그것을 이용하는 사람들이 문제라면 문제이겠지만 노자의 애매모호함은 장점이 아니라 약점일 수 있다.

1993년 10월에 호북성湖北省 형문荊門 곽점郭店 초묘楚墓에서 대나무로 이루어진 죽간본竹簡本《노자》를 발견했다. 기존의 통행본과 비단본인 백서帛書《노자》와는 형식과 내용면에서 상당한 차이가 있다. 전 세계의 노자 연구자들이 놀란 것은 당연하다. 어쩌면 이제 노자 연구는 시작일 뿐인지도 모른다.

一, 저, 우울증인가요?

사람들과 함께 살아갈 수밖에 없는 사회라면
상처는 피할 수 없다. 피할 수 없었던 상처라면
견뎌야 할 책무도 있다. 상처를 입더라도 인생은
계속된다. 상처는 회피하거나 거부해야 할 것이
아니라 탱고의 실수처럼 인생의 한 부분으로
승화시켜야 할 흔적이다.

넷,

자책감

| 실수를 저질러도 삶은 계속된다

나에게 세상에는 두 가지 춤이 있다. 영화 〈아비정전〉에 나온 장국영의 맘보와 영화 〈여인의 향기〉에 나온 알 파치노의 탱고. 맘보는 홀로 자신의 흥에 겨워 추는 자긍심 높은 춤이다. 혼자만의 자유로움이다. 반면 앳된 여인과 함께 추는 탱고는 호흡과 리듬을 상대와 맞춰야 하기에 결코 홀로 출 수 없는 춤이다.

어릴 적 난 제 흥에 겨워 홀로 추는 장국영의 맘보에 매료되었다. 나이를 먹어서 상처로 얼룩진 지금은? 그건 그저 어린아이의 나르시스적인 장난에 불과하다. 탱고가 어렵다. 탱고에는 상대의 리듬과 함께할 줄 아는 센스, 서투른 상대의 스텝을 리드할 줄 아는 여유가 있다.

퇴역 장군 프랭크 역을 맡은 알 파치노는 앳된 여인에게 탱고를 함께 추자고 권한다. 여인은 실수할 것이 두렵다며 거절한다. 알 파치노의 대답이 흥미롭다. "인생과는 달리 탱고에는 실수가 없어요." 왜 실수가 없을까? "당신이 실수를 한다면, 스텝이 뒤엉켜버릴 테지만, 그래도 탱고는 계속되죠."

탱고는 실수까지도 춤의 한 부분으로 연출할 줄 안다. 실수를 겁내지 않고 시도할 만한 춤이다. 인생도 마찬가지가 아닐까? 실수를 저질러도 삶은 계속된다. 문제는 실수가 아니다. 실수에 대한 태도다. 삶은 계속될 터이지만 실수에 대해 어떤 태도를 지니는가에 따라서 삶은 다르게 지속된다.

10대와 40대는 공통점이 있다. 질풍노도의 혼란스러운 시기다. 10대는 사춘기를 겪고 40대는 오춘기를 겪는다. 10대는 아직 아무것도 결정되지 않은 혼돈의 시기이고 40대는 인생의 전반기를 떠나보내는 상실의 시기다. 사춘기는 새로운 세계를 분만해내려는 진통이고 오춘기는 그 세계에 틈이 벌어져 찢어진 상처다.

그것은 하나의 균열이다. 상실의 대상은 자신이 살아온 구체적인 세월이 아니라, 인생의 전반기 동안 자신이 믿고 있었던 삶의 이상과 가치인지도 모른다. 균열은 붕괴의 예감을 불러일으킨다. 균열 사이에서 비집고 올라오는 것은 후회다.

과거와 현재를 후회한다. 후회에 직면한 태도는 두 가지로 구별할 수 있다. 하나는 과거의 시간과 대면하는 후회다. 잘못하지 않았다면 현재가 달랐을지도 모르는 그 가능성에 미련을 가지는 태도다. 혹은 실수해서는 안 되었다는 당위성에 강박을 느끼는 태도다.

다른 하나는 과거의 가능성과 당위성과 관련된 것이 아니다. 잘못과 실수에 대한 도덕적 판단과 대면하는 후회다. 그 잘못과 실수를 인정하고 다시 반복해서는 안 된다는 판단을 내리는 태도다. 이 두 가지 태도는 전혀 다른 태도다. 전자는 과거에 미련과 아쉬움을 가지는 반면 후자는 과거를 인정하고 집착하지 않는다.

문제는 전자의 태도다. 과도한 자책으로 이어지기 때문이다. 이 과도한 자책에는 두 가지 힘이 작용한다. 스스로를 책망한다는 점에서 가학적이고, 그 가학적 책망을 견딘다는 점에서 피학적이다. 가학적인 행위는 사디즘sadism이고 피학적인 행위는 마조히즘masochism이다. 그렇다면 과도한 자책은 결국 사도-마조히즘 sado-masochism이 아닐까?

| 자책과 혐오가 만든 중년 우울증

사디즘이나 마조히즘은 주로 성적인 영역에서 다루어져 왔다. 그래서 사디즘이란 타인을 괴롭히면서 쾌락을 느끼는 가학적 변태 성욕이고, 마조히즘이란 타인으로부터 고통을 당하면서 쾌락을 느끼는 피학적 변태 성욕을 말한다.

사디즘은 지배이지만, 마조히즘은 종속이다. 사디즘은 명령을 내리는 것이지만, 마조히즘은 복종하는 것이다. 이러한 성적인 경향성은 단지 섹스의 영역에서만 작동되는 것이 아니라 일상생활에서도 작동되기도 한다. 우리는 타인을 괴롭히면서도 즐거움을 느끼지만 동시에 괴롭힘을 당하면서도 쾌락을 느끼기도 한다.

주목할 점은 타인과의 관계에서 일어나는 사디즘과 마조히즘이 아니다. 한 개인 내부에서 일어나는 사도-마조히즘의 메커니즘이다. 프로이트에 따른다면 모든 인간의 의식에는 죽음 충동의 변형으로서 사디즘과 이 사디즘의 경향이 자신에게로 향하는 마조히즘이 묘하게 결합되어 있다. 사도-마조히즘은 한 사람의 내면에서 작동하는 파괴 본능이다.

프로이트는 〈마조히즘의 경제적 문제The Economic Problem of Masochism〉라는 논문에서 마조히즘을 세 가지 형태로 구분한다. 성감 발생적, 여성적, 도덕적 마조히즘이다. 주목할 것은 도덕적 마조히즘이다. 도덕적 마조히즘은 주체가 스스로 고문과 같은 고통을 통해 속죄해야 할 어떤 죄를 범했다고 생각하는 죄의식을 드러낸다.

도덕적 마조히스트들은 이상적인 초자아가 강화되어 자아를 다그치고 지배하려는 사디즘적인 경향을 가지고 있다. 그래서 도덕적 마조히즘은 초자아가 자아를 지배하는 사디즘적인 입장과 자아가 초자아의 지배를 견디는 마조히즘적인 위치에 있는 것이다.

나이를 먹어가면서 늘어나는 자책이라는 현상도 하나의 사도-마조히즘적인 성향이 드러나는 인간의 미묘한 심리인지도 모른다. 그것은 과거를 되새김질하면서 생겨나는 후회이면서 미련과 아쉬움을 동반한 처벌이다.

이 과도하거나 부적절한 자책감이 우울증으로 발전한다. 프로이트는 〈슬픔과 우울증〉이라는 논문에서 슬픔 혹은 애도mouring와 우울증melancholy을 구분한다. 이 두 가지는 사랑하는 사람이나 대상을 상실했을 때 보이는 반응이다.

애도는 상실한 대상이 무엇인지 정확히 알고 있지만 우울증은 상실한 대상이 정확히 무엇인지를 모른다. 애도는 대상을 상실했다는 사실 자체를 인정하고 포기하면서 그 현실에 잘 적응한 상태지만, 우울증은 그 사실 자체를 인정하지 않으면서 그 책임을 자기에게로 돌리려는 불안정한 상태다.

애도와 우울증처럼 후회도 두 가지로 구별할 수 있다. 과거의 잘못을 인정하지 않고 과거의 가능성과 당위성에만 집착해 미련과 강박으로 자책하고 후회하는 태도가 우울증이다. 반면 과거의 잘못과 대면하고 인정해서 다시는 반복해서는 안 된다는 판단과 함께 과거를 떠나보낸 태도가 애도이다.

우울증의 문제는 자애심이 떨어진다는 점이다. 이 모든 것이 내 탓이라 생각하면 자신에 대한 자책과 함께 혐오가 일어난다. 결국 자신을 처벌해주기를 원한다. 이 자애심이 떨어진 것은 자신의 현실을 그대로 스스로 수용하지 못했기 때문이다. 현실 그대로의 자신을 그대로 받아들이지 못하는 것이다.

인생이란 되돌아볼 수는 있을지언정 되돌아갈 수는 없는 구조로 이루어져 있다. 되돌아볼 수 있으며 동시에 되돌아갈 수도 있는 구조라면, 자책은 불가능하다. 자책할 필요가 없이 다시 과거로 돌아가 다시 시도하면 되기 때문이다. 자책은 인생의 이러한 돌이킬 수 없는 시간 구조로부터 나올 수밖에 없는 필연적 감정이다.

자책이 과도해지면 스스로를 벌하려고 한다. 물론 적당한 자제와 자기비판을 통해서 스스로를 처벌한다는 것은 어린아이에서 어른으로 성장하기 위한 필수 조건일 수 있다. 자책을 통해 다시 시작할 수 있다는 희망과 용기를 가질 수 있고, 과오를 개선하면서 스스로 책임질 수 있는 자율적인 인간이 되기 때문이다. 되돌아갈 수 없는 것에 대해서는 포기하고 인정하는 것이 좋다.

그러나 스스로를 처벌하려는 충동에는 묘한 쾌락이 있다는 데에 문제가 있다. 자책감이 자학으로 발전하게 된다면 문제다. 자학은 사디즘적인 쾌락을 동반한다. 또한 자신이 자신을 처벌하고 학대하므로, 사디즘적인 쾌락과 함께 마조히즘적인 쾌락도 동시에 느낀다. 멀티 오르가즘인 것이다.

그러고는 악순환을 반복한다. 쾌락에 중독된다. 세상을 욕하면서 다시 자신을 욕한다. 게다가 즐길 뿐 아니라 자책을 통해 자신을 용서하는 면죄부를 얻기도 한다. 프로이트는 마조히즘에 걸린 사람은 "자신이 작고 무력한 어린아이와 같이 취급받기를 원한다"고 한다.

무력한 어린아이와 같이 취급받기를 원한다는 점은 주목할 만하다. 마조히즘에 걸린 사람은 대체로 노출증도 뒤따른다. 자신들이 지닌 정서적 고통을 여러 가지 방식으로 사람들에게 보여주는 것이다. 난 정말 엄청 불행하거든, 난 정말 엄청 고통스럽거든. 자신의 불행과 고통을 사람들에게 어린아이처럼 전시하고 투정한다.

때문에 사도-마조히즘적인 의식과 행동은 견디기 힘든 정신적 고통에 대한 일종의 해결책이며 자기방어적 수단이 된다. 자신의 불행을 전시함으로써 자신의 무능력을 용서받고자 한다. 더욱더 큰 문제는 고통과 치욕을 바라면서도 교묘하고도 지속적으로 자기를 방어하기 때문에 자신의 진짜 욕망과 인생의 책임을 깨달으려고 하지 않는다는 점이다. 아니, 깨닫게 되면 그에 상응하는 더욱더 고통스러운 행위들이 기다리고 있기 때문이다.

자책이 쾌락의 자학으로 변하는 것은 일종의 회피다. 자신의 과오를 극복하고 진짜 욕망을 실천해야 하는, 현실적으로 더 큰 어려움과 고통을 피하기 위해서 사소한 고통과 치욕을 사도-마조히즘적인 쾌락으로 견디면서 회피하고 있는 것이다.

때문에 사도-마조히즘적 쾌락은 근본적으로 자신을 징벌하면서 동시에 용서하고 그런 자신을 전시하면서 징징거리는 유아적 태도다. 더 중요한 것은 그러한 태도를 통해서 스스로 극복할 수 없다고 지레 포기한 현 상태를 쾌락적으로 향유하면서 근근하게 이어가려는 자포자기적 태도다.

사도-마조히즘적 자책이란 그래서 초자아의 어른이 자아라는 어린아이를 권위로 혼내려는 것이면서 동시에 어린아이가 어른에게 스스로를 포기하려는 자포자기가 숨어 있다. 권위와 자포자기가 만나는 순간 거기에는 일종의 쾌락이 감춰 있다. 우울증 속에는 왜곡된 쾌락의 향유가 숨겨져 있다.

│ 맘보가 아니라 탱고를 춰라

상처받지 않을 권리도 있지만 상처를 받을 수밖에 없는 현실도 있다. 어쩔 수 없는 현실 속에서 입은 상처는 치료해야 할 의무도 있다. 상처가 전혀 없는 평온의 진공 상태보다는 오히려 상처를 입고 견디는 혼돈스러운 무질서가 새로운 세상을 열어주는 열매가 되기도 한다.

사람들과 함께 살아갈 수밖에 없는 사회라면 상처는 피할 수없다. 피할 수 없었던 상처라면 견뎌야 할 책무도 있다. 상처를 입더라도 인생은 계속된다. 상처는 회피하거나 거부해야 할 것이 아니라 탱고의 실수처럼 인생의 한 부분으로 승화시켜야 할 흔적이다.

타조 효과ostrich effect라는 것이 있다. 객관적으로 존재하는 위험 정보를 무시하면서 일부러 그런 것이 없는 듯 행하는 태도를 말한다. 타조가 머리를 땅 속에 쑤셔 박는 회피와 동일하다.

왜 그것을 극복할 대응 방법을 능동적으로 찾지 않고 회피할까? 위험의 강도가 지나치게 크다면 막막해진다. 포기하고 싶어진다. 대응책도 없이 마주하는 것보다 회피하는 것이 손쉬운 방법이다. 인간은 언제나 쉬운 방법을 택한다.

왜 언제나 쉬운 방법을 택할까? 성공을 조급하게 원할 뿐 아니라 실패를 두려워하기 때문이다. 위험 정보를 적절하게 대처할 수 있는 능력이 없기 때문이기도 하다. 그렇다면 타조 효과가 일어나는 이유는 어쩌면 근거 없는 희망과 과도한 희망에 비해 턱없이 부족한 무능력한 자신을 인정하기 싫기 때문인지도 모른다.

어린아이가 어른들의 과도한 희망과 기대를 현실에 실현할 능력이 없을 때 타조 효과가 일어난다. 이 과도한 어른들의 희망과 기대가 바로 프로이트가 말하는 내면에 숨겨진 초자아의 모습이다. 자신을 처벌하고 강박하며 검열하는 지배자이기도 하다.

물론 현실의 초라한 자신을 받아들이는 과정은 쉽지 않다. 그 자신을 받아들이는 순간 자신이 상상했던 초자아가 요구하는 이미지는 산산이 부서져버리기 때문이다. 심리학에서 자기 수용self-acceptance이라는 개념이 있다. 자신의 강함이건 나약함이건 자신의 현실 모습을 그대로 인정하고 바라볼 줄 아는 능력이다.

자기 수용이란 자신을 긍정적으로 보라는 기만이 아니다. 자신의 과도한 긍정은 혼자만의 나르시스적 맘보춤처럼 혼자만의 우월감에 빠질 수 있다. 자기 수용이란 혼자만의 맘보춤이 아니라 타인과 함께 자신의 실수를 아름다운 춤으로 승화시키는 탱고와 같다. 어떠한 자신이건 자신을 수용하지 않는다면 탱고는 계속되지 못한다.

혼자만의 쾌락으로 고립되지 않고 현실로 나가서 타인과 마음을 열고 만나야 한다. 만나서 기쁨을 느끼든 슬픔을 느끼든 타인과의 관계 속에서 자신을 바라보고 인정해야 한다. 실수할 수도 있다는 가능성을 감수하고 그 실수도 춤의 한 과정으로 풀어낼 수 있는 용기가 나이를 먹더라도 필요하다. 중년이라면 자기도취적 맘보춤이 아니라 탱고를 추어야 할 나이다.

고전 읽기 | **지그문트 프로이트의 《마조히즘의 경제적 문제》**

프로이트의 다음과 같은 말은 음미해볼 만하다. "자기분석을 하지 않으면서 정신분석학 책을 읽을 바에야, 차라리 재미있는 소설책을 읽거나 논리 정연하고 엄밀한 과학 책을 읽어라. 그것이 자신의 스트레스 해소나 자부심 강화에 더 좋을 것이다."

자신의 정신psycho을 분석한다는 것은 생물학적 경향성을 연구하는 것이 아니다. 정신분석학에서 말하는 정신은 단순히 타고난 체질이나 성격에 근본하고 있는 것이 아니다. 정신분석가 빌헬름 라이히는 "성격은 단지 충동 자체에 의해서 구성될 뿐만 아니라 그러한 충동을 통제하기 위해서 조직된 방어 체계에 의해서 만들어진다"고 말한다.

정신분석에서 말하는 정신은 생물학적 충동을 통제하기 위한 방어 체계에 의해서 만들어진 결과로서의 정신이다. 어쩌면 인간이 겪는 정신병은 생물학적 경향성이 만들어낸 결과가 아니라 발달에 실패한 분열이 만들어낸 결과다.

때문에 정신분석학을 공부한다는 것은 타인의 분열을 치유하기 위한 것이 아니라 자신의 정신 속에 감추어진 분열을 치유하기 위한 것이 아닐까?

〈마조히즘의 경제적 문제〉라는 소논문 또한 정신 속에 감추어진 분열을 드러낸다. 주목해야 할 논의는 도덕적 마조히즘이다. 자신에 대하여 지나치게 도덕적 태도를 지니는 것도 피학적이다. 문제는 단지 피학적이라는 데에 있지 않다.

"도덕적 마조히즘의 위험성은 그것이 죽음 본능에서 나온 것이며 파괴 본능으로서 외부로 향하는 것을 피한 그 죽음 본능의 일부와 일치한다는 사실에 있다."

엄숙한 도덕일지라도 스스로에게 파괴적으로 작동할 수 있다. 더 큰 문제는 그것에 대해서 스스로 쾌락을 느낀다는 사실이다.

"도덕적 마조히즘은 성애적 요소의 중요성을 간직하고 있기 때문에 주체의 자기 파괴 행위조차 리비도적 만족 없이는 일어날 수 없다."

―
왜 점점 뻔뻔해져 갈까요?

삶을 살아볼 만큼 산 나이이기에 이제
세상은 뻔해진다. 그러나 이상하게도 뻔해진
세상의 권태에서 벗어나기 위해서 중년들은
뻔뻔해진다. 뻔뻔함은 중년들의 특권이다. 뻔한
세상에 중년에게 찾아온 뻔뻔함, 이것은 이 시대에서
성공을 위해 필수적인 조건이 되었다.

다섯,
냉소

| 뻔한 세상이 뻔뻔함을 만든다

《이방인》의 뫼르소가 정오의 태양빛이 너무 강렬해서 방아쇠를 당긴 일은 결코 이해하지 못할 일도 아니다. 모든 것이 태양빛 아래 노골적으로 드러나서, 명명백백해지는 순간 뫼르소는 권태를 느꼈던 것이 아닐까? 이 따분한 권태가 그로 하여금 방아쇠를 당기게 했던 것은 아닐지. 아! 이 너무나도 뻔한 세상의 가증스런 노골露骨이란! 세상이란 고작 이런 것이었단 말인가?

인생의 정오를 맞이한 40대는 그 정오의 태양 아래에서 뻔하게 그 몰골을 드러내는 자신의 인생을 바라보며 무엇을 느낄까? 뫼르소가 느낀 따분한 권태가 아닐까? 이 한낮의 뙤약볕 무기력에는 어떤 섬뜩함이 있다. 무관심, 냉담, 냉소, 불안, 분노, 탐욕, 외로움이 자리한다. 그리고 이 섬뜩한 무기력의 정체는 바로 권태다. 내가 살아온 삶이 고작 이런 것이었단 말인가!

그러나 이 섬뜩한 권태란 어디에서 오는 것일까? 라르스 스벤젠Lars Svendsen 은 《지루함의 철학》에서 "존재 차원의 지루함, 다시 말해 삶 자체와 결부된 지루함은 근대에 들어서 생겨난 현상"이라고 분석한다. 근대 이전에 귀족만이 누렸던 여가의 상징이었지만 이제는 근대인 모두가 가진 특권이 되었다. 그러나 왜 근대와 함께 존재 차원의 권태가 시작되었을까?

근대는 종교의 시대에서 과학의 시대로, 신비의 세계에서 합리의 세계로 이행했던 시대다. 그래서 신의 세계에서 이성의 시대로 전환된 것이다. 이 과학과 이성의 시대에서 세상은 정확하게 계산되고 명증하게 드러난다. 이해하지 못할 신비의 영역은 사라지고 이해 가능한 합리적인 영역이 펼쳐진다.

그런데 왜 이러한 명증하고 합리적인 세계인 근대로부터 권태가 시작할까? 어쩌면 권태란 세계의 무의미에서 오는 것이 아닌지도 모른다. 권태는 오히려 역설적으로 의미의 명백함에서 온다. 모든 것의 의미가 뻔하게 이해될 때 오히려 의미가 없다는 착각을 일으킨다. 의미의 결여에서 권태가 오는 것이 아니라 의미의 과잉에서 권태가 온다.

이제 세상은 명백해졌고, 미지의 세계는 사라져버린다. 이제 낯선 두려움도, 흥미도, 설렘도 없다. 모든 것을 드러낸 세상은 뻔해진다. 뻔해진 세상은 뻔하기 때문에 알 필요가 없어진다. 권태가 시작되는 것이다. 근대의 권태와 함께 과시적인 스펙터클한 소비의 시대가 시작된 것은 결코 우연이 아니다.

중년에 찾아오는 권태도 마찬가지가 아닐까? 삶을 살아볼 만큼 산 나이이기에 이제 세상은 뻔해진다. 그러나 이상하게도 뻔해진 세상의 권태에서 벗어나기 위해서 중년은 뻔뻔해진다. 뻔뻔함은 중년의 특권이다. 뻔한 세상에 중년에게 찾아온 뻔뻔함, 이것은 이 시대에서 성공을 위해 필수적인 조건이 되었다.

그래서 바야흐로 뻔뻔스러운 시대다. 모진 사람이 이기고 뻔뻔한 사람이 성공한다. 어진 사람은 바보 취급을 받고 어수룩한 사람은 언제나 실패한다. 뻔뻔함은 강한 자기 확신이며 배짱이다. 일을 성취하려는 현실주의자의 추진력이다.

자신의 이익과 속내를 노골적으로 드러내면서도 그것을 비난하는 사람에게 "왜 이래 아마추어처럼"하며 오히려 역정이다. 1억을 거절하는 청렴에 대해서는 "10억이면 되겠어?" 하며 떠본다. 성적 유혹을 부끄러워하는 순진함에 대해서는 "웬 내숭이야, 내숭떠니 더 섹시한데?"하며 수치심을 조롱한다.

뻔뻔함은 인간의 탐욕과 욕망과 쾌락에 대한 신념으로 무장하고 있다. '너도 별 수 있겠어'라는 의심에 기초한다. 이것은 인간의 도덕성과 선함에 대한 무의식적 불신에 근거한다. 이러한 냉소적 의심은 뻔뻔함의 철학적 토대다.

서양의 근대적 이성이 낳은 결과는 무엇일까? 중세적 세계관을 비판하면서 합리적으로 행동하는 사람이 되었을까? 의외의 답안을 내놓은 사람이 페터 슬로터다이크Peter Sloterdijk다. 그는 근대 문화가 가진 새로운 특질을 냉소주의zynismus로 규정한다.

근대 계몽주의자들이 중세적 세계관에 현혹되었던 대중들을 대하는 이데올로기적 태도는 무엇인가? "그들은 그들이 행하는 일이 무엇인지 모른다. 그러나 행한다." 때문에 아무것도 모르는 대중은 계몽되어야 했다. 자신이 속고 있는 이데올로기의 정체가 무엇인지를 알아야 했다. 계몽적 태도는 권위적이다.

계몽을 통해 무지몽매한 대중들은 자신이 속고 있는 이데올로기의 정체를 깨닫고 계몽된 삶을 살았을까? 아니다. 슬로터다이크에 따르면 그들의 논리는 이러하다. 그들은 계몽되었다. 자신들이 모르는 것을 알게 됐지만 그런데도 여전히 그대로 행한다. "그들은 자기들이 무엇을 하는지 알고 있다. 그러나 상황 논리나 자기 보존의 욕망이 그렇게 해야 한다고 말하기 때문에 그렇게 행하는 것이다."

근대의 계몽된 인간들은 근대 사회의 자본들이 현혹하는 이데올로기를 잘 알고 있다. 그러나 속이는 것을 알지만 그 이데올로기에 따라서 그대로 행한다. 근대적 인간들은 그들이 가진 이데올로기의 문제점을 비판하더라도 꿈적하지 않는다. 냉소적이 된 것이다.

자본가들의 뻔뻔한 탐욕과 염치없는 비도덕을 이데올로기적으로 비판하더라도 그들은 냉소할 뿐이다. 그래서 어쩔 건데. 이 냉소주의적 태도는 단지 자본가들만의 태도는 아니다. 현대 대중이 가진 일반적인 태도이기도 하다. "그래서 어쩌라고? 어쩔 수 없잖아."

슬로터다이크에 따르면 이런 태도는 비도덕적이지는 않다. 오히려 현실적으로 바보로만 살지 않겠다는 계몽된 인간들의 행동 방식이다. 냉소주의자는 바보가 아니다. 여러 가지 피치 못할 사정과 이유를 대면서, 그래 그렇지만 그렇게 행할 수밖에 없다고 말한다.

슬로터다이크는 이러한 냉소주의를 '계몽된 허위의식'이라고 규정했다. 중세 시대의 거짓과 억압의 환상에서 스스로 계몽되었다고 생각하지만 결국에는 근대적 '먹고사니즘'의 실존적 한계에 무릎을 꿇는다. 알고 있지만 어쩔 수 없다는 것이다.

중세의 신학적 세계관에서 근대의 과학적 세계관으로 변했다. 신이 죽은 음울한 회색빛 공간에 과시적인 스펙터클한 소비의 문화가 들어섰다. 돈이 신이 된 시대다. 그리고 돈이 신이라는 것이 환상이라는 점을 잘 알고 있다. 그런데도 돈을 섬긴다. 어쩔 수 없지 않은가!

살아남기 위해서는 교활한 어른이 되어야 했다. 뻔뻔함은 이 계몽된 허위의식이 낳은 어른들의 불행한 의식이다. 삶이 너무 각박해지고 있다. 각박한 세상에서 '계몽된 허위의식'은 냉소할 뿐이다. 그래봐야 어쩔 수 없다고 냉소한다.

문제는 계몽된 허위의식의 뻔뻔함이 스스로 고결하다고 생각한다는 점이다. 스스로 고상한 도덕적 탈을 쓰면서 유체 이탈 현상이 일어난다. 뻔뻔한 사람들은 자신의 뻔뻔함이 자기 확신적 도덕에 근거하고 있다고 착각한다. 무거운 표정으로 진지한 자신의 도덕을 늘어놓곤 한다.

뻔뻔한 철면피들을 대중들이 증오한다는 뻔한 사실을 뻔뻔하게 잘 알기 때문이다. 뻔뻔한 사람들도 공적인 자리에서는 도덕적이고 근엄하다. 어느 대기업 회장은 "모든 국민이 정직했으면 좋겠다. 거짓말 없는 세상이 돼야 한다"고 심각하게 말했지만, 그 말을 믿는 사람은 아무도 없었다.

믿는 척하는 사람만 있을 뿐이다. 이 믿는 척하는 태도에 담긴 이데올로기는 무엇일까? 믿는 척하는 자기기만적 태도를 유지해야 안락한 삶을 이룰 수 있기 때문이다. 그래서 고결하고 깨끗하며 우아하다고 생각한다. 계몽된 허위의식의 이러한 태도를 키치 kitsch적 삶이라고 말할 수 있다. 이 키치적 삶이란 무엇인가?

| 중년, 키치적 삶을 욕망하다

키치란 단순하게 말하자면 고급 예술과는 다른 통속 예술이다. 천박하고 저속한 모조품 또는 대량생산된 싸구려 예술 상품을 이르는 말이다. 〈모나리자〉 그림이 있는 시골 이발소 풍경이

키치의 전형이다.

주목해야 할 것은 통속 예술 작품과 관련한 키치보다는 하나의 삶의 태도와 관련된 키치이다. 키치는 바로 근대적 존재 양식이다. 신의 죽음이 선언된 근대에서 그 죽음이라는 빈 공간 속에 색칠해놓은 환상과 소비의 과시적 세계다.

우리는 대량으로 생산되고 모방되는 다양한 상품들을 소비하고 향유한다. 귀족들이 가진 고급 예술과 삶의 양식을 근대 이후 경제적인 성공을 이룬 신흥 계급이 키치로서 즐긴다. 마찬가지로 경제적 성공을 이룬 중년들도 귀족적 삶의 양식을 키치적으로서 즐기는 것이다.

중년이 아니라 아저씨하면 떠오르는 모습은 후줄근하고 촌티나는 행색이다. 요즘 이런 아저씨들은 어디를 가도 환영받지 못한다. '꽃중년'이 탄생하게 된 배경이다. 외모, 패션, 건강, 운동, 자기 계발 등 치장이나 옷차림에 금전적 투자를 아끼지 않는다.

피부 관리, 두발, 성형도 불사한다. '몸짱'은 기본이다. 적지 않은 돈이 필요하다. 꽃중년의 삶은 이제 외모에서 태도에 이르기까지 엘레강스하고 클래식하거나, 스마트하고 모던하다. 최신형 자동차를 사고, 유행에 따라 옷을 입으며, 맛집을 찾아 식도락을 즐기고, 고급 상품을 소유하고, 독특한 취미 생활로 삶의 의미를 찾는다. 그것도 예술적으로. 물론 키치적이다.

계몽된 허위의식을 가진 중년들은 바로 키치적인 삶을 살고 있다. 의미를 찾으려 하지만 의미가 없는 뻔한 세상의 권태와 부조리를 키치가 메꾸고 있다. 이 키치적 삶을 살고 있는 중년의 삶의 태도가 냉소주의다. 다 안다. 하지만 어쩔 수 없이 행한다.

밀란 쿤데라의 키치에 대한 정의는 이렇다. "키치는 어떤 세계관에 의해 뒷받침된 미학, 거의 철학에 가까운 것입니다. 그건 인식이 제외된 아름다움이고 사물을 아름답게 만들어 남에게 환심을 사려는 의지이며 총체적인 순응주의입니다."

"인식이 제외되었다"는 것은 그것에 대해 의심을 제기하지 않는다는 의미다. 때문에 총체적인 순응주의다. 순응할 수밖에 없다고 굴복하지만 거기에는 다른 욕망이 숨어 있다. "너희들만 즐기냐? 나도 좀 즐기자"거나 "너희들만 고상하냐? 나도 좀 고상하게 살아보자"는 욕망이다.

고상하게 즐기기 위해서는 세상에 존재하는 부패와 부조리와 부정의는 은폐되어야 한다. 은폐되어야 할 것은 우리들의 삶의 추악함이다. 세상이 부패했고 부조리하고 부정의하다는 것쯤 나도 다 알아. 하지만 나도 좀 즐기자.

밀란 쿤데라는 그래서 키치를 이렇게 정의한다. "똥이 부정되고, 각자가 마치 똥이 존재하지 않는 것처럼 처신하는 세계를 미학적 이상으로 삼는 것이다. 바로 이런 미학적 이상을 키치라고 부른다."

정확히 말한다면 똥이 부정되는 것이 아니다. 세상의 부패와 부조리와 부정의는 부정되는 것이 아니라 은폐된다. 은폐란 세상의 청렴과 합리와 정의를 냉소하는 것이고, 다 알지만 모르는 척 무관심하게 지루해하는 것이다. 권태로운 것이다.

계몽된 허위의식은 실존적 한계를 잘 알고 있지만, 키치적 삶을 욕망한다. 똥이 존재하지 않는 세계, 아니 존재하지 않는 것처럼 행동하는 세상에서 총체적 순응주의자들인 중년은 진심으로 고상한 신사의 품격을 지니고 살고 싶어 한다. 그러나 그것은 키치적이다.

│ 개 같은 냉소로 세상에 맞서기

계몽된 허위의식은 계몽을 통해서 해결할 수는 없다. 그들은 안다. 그럼에도 불구하고 모르는 척하면서 행하기 때문이다. 대안은 있을까? 슬로터다이크가 제안하는 바는 이렇다. 이 계몽된 허위의식의 '냉소주의zynismus'의 대안으로 고대 희랍 시대의 '견유주의犬儒主義, kynismus'를 제안한다. 왜 그럴까?

냉소를 뜻하는 영어의 '시니컬cynical'은 원래 고대 그리스어의 '키니코스kynikos/cynics'에서 나온 말이다. 슬로터다이크는 현대의 시니컬한 냉소주의를 그리스어인 '키니코스'로 대응하고자 했다. '키니코스'란 '개 같다'는 뜻이다. 그래서 '견유주의'라고 번역되었다.

왜 개 같다고 했을까? 키니코스 학파의 대표적인 철학자인 디오게네스의 삶 자체가 개 같은 삶이었기 때문이다. 실제로 사람들은 디오게네스를 개라고 불렀다고 한다. 우리도 '개 같다'라는 말을 욕으로 사용한다. 그러나 개는 개 같은 삶을 사는 것이 아니라 자연의 원리에 따라 사는 도덕적 동물이다.

그렇다면 사람들이 디오게네스를 개 같다고 욕을 했을 때 디오게네스는 '그래, 나는 개'라고 말한다. 그러나 너희들은 개만도 못한 위선적인 놈들이라고 폭로했던 것이 아닐까? 개가 자연적으로 살 때 인간은 유체 이탈의 위선을 범하면서도 개를 욕하며 자신의 위선을 은폐하기 때문이다.

똥이 없는 듯이 세상을 고결하고, 깨끗하고, 아름다운 것으로 이상화하는 뻔뻔한 사람들은 스스로를 비도덕적이거나 사악하다고 생각하지 않는다. 오히려 뻔뻔한 냉소를 가지고 있을 뿐이다. 바보는 아니다. 이런 사람들에게 뚜렷한 명분이나 냉철한 논리가 통하지 않는다. 모르고 행하는 것이 아니다. 그들은 안다. 그럼에도 불구하고 행하기 때문이다.

슬로터다이크는 이런 계몽된 허위의식의 뻔뻔한 냉소에 대해서는 더더욱 개 같은 냉소로 맞서기를 권한다. 머리로 싸움하려고 하지 말고 직접 몸으로 보여준다. 똥을 무시하는 그들의 고상함에 대해서 똥과 오줌과 정액으로 조롱한다. 무관심한 냉소가 아니라 몸으로 보여주는 냉소를 권유한다.

알면서도 모른 척 고상한 태도로 뻔뻔한 냉소를 취하는 사람들에게 그들의 고상함에 감춰진 똥들을 폭로하면서 맞서라는 얘기다. 그들의 계몽된 이성에 맞서 육체적인 분노와 조롱으로 그들의 계몽된 허위의식을 일깨우라는 말이기도 하다.

슬로터다이크의 계몽된 허위의식에 대항하는 방법은 뻔해진 세상의 권태에서 벗어나기 위해서 뻔뻔해진 중년들의 냉소와 권태와 무관심에 대항하는 방법이기도 하다. 뻔뻔한 키치에 저항하라. 그것이 디오게네스적 저항이다.

뻔해진 세상에 뻔뻔해진 중년들은 그래서 알고도 행하는 허위의식에 빠진 뻔뻔스러움보다는 디오니소스적 냉소를 실천해 볼 만하다. 그래 나는 개다. 하지만 개만도 못한 너희들보다는 적어도 자연스럽다. 그러니 웃자. 이것이 슬로터다이크가 뻔뻔해진 중년에게 권하는 디오게네스적인 냉소와 유머다.

페터 슬로터다이크의 《냉소적 이성 비판》

니체의 이런 말을 신뢰한다. "너희는 사자가 먹이를 갈구하듯이 그렇게 지식을 갈구하는가?" 그렇지 않은가? 지혜에 대한 사랑, 철학을 통해 우린 진리 그 자체를 그렇게도 목말라 갈구했던가? 회의적이다.

페터 슬로터다이크는 이 점에 대해서 냉소적이다. 그는 철학이 임종의 순간을 맞이했다고 선언한다. 그러나 아직 그 임무를 다하지도 못해서 죽지 못하고 있는 형편이다. 임종을 맞은 철학은 이렇게 고백한다. 거창한 주제들은 모두 핑계였고 신이나 우주, 주체나 객체, 의미나 무 등의 추상적 주제들은 모두 사실 아무것도 아니라고.

칸트의 《순수 이성 비판》이 출간된 지 200주년이 되는 해에 슬로터다이크는 《냉소적 이성 비판Kritik der zynischen Vernunft》에서 칸트의 사유, 아니 철학적 사유 자체와 접촉할 때 안게 되는 위험을 이렇게 정의한다. "격렬하고 급작스러운 노화 현상." 철학을 한다는 것은 급격하게 늙어간다는 말과 같은 말이다. 그러고는 이렇게 묻는다. "과연 지식에 대해 혈기 왕성한 젊은 의지는 지금 철학에 어느 정도 남아 있는가?"

그렇다면 왜 슬로터다이크가 이 책을 쓰게 되었는가? 문화에 대한 불쾌감이 비판을 충동질하기 때문이다. 그러나 이성과 비판의 힘을 통해 세상을 바꿀 수 있다는 계몽의 신화는 무너지고 있다. 전통적 이데올로기 비판은 냉소주의 앞에서 어찌할 바를 모른다.

이 시대는 냉소주의로 가득하다. 그러나 역설적으로 냉소주의를 계몽된 허위의식으로 규정한다. 계몽주의는 종교적 환상을 비판했고 형이상학적 허구를 비판했으며, 도덕적 허구를 비판했고 관념론적인 상부구조 등을 비판했다. 이제 계몽된 의식은 바보가 아니다. 그러나 계몽되었지만 무감각해졌을 뿐 아니라 냉소적이 되었다. 어떻게 할 것인가?

슬로터다이크는 이 책을 통해 하버마스로부터 극찬을 받으면서 일약 철학계의 스타로 화려하게 등장했다. 그는 현대인들의 냉소주의에 맞서 유머, 욕설, 아이러니, 반항적 몸짓 등 고대적 냉소주의의 선구자인 디오게네스의 미덕들을 제시한다.

고대적 냉소주의는 키니시모스kyinsmos라 하여 견유주의犬儒主義라

번역된다. 개처럼 행동한다는 것이다. 하지만 이것을 단지 위선적인 개 같은 놈들에게는 개처럼 굴어야한다는 의미로 이해해서는 안 된다. 개 는 개새끼라고 욕을 먹어야 할 대상이 아니다. 개새끼로 욕을 먹어야 할 대상은 자연스러움을 상실한 위선적인 인간이고 개는 자연의 원리 에 따라 자연스럽게 개답게 사는 개일 뿐이다.

　슬로터다이크는 철학을 이렇게 정의한다. "이해를 바탕으로 한 몸 physis과 정신logos의 상호작용이 철학이지, 그것에 대해서 말하는 것 이 철학은 아니다." 슬로터다이크는 비판 정신과 저항 정신을 잃은 근 대인들이 실제로 저항하지도 못하면서 그저 머리로만 사회적 부정의를 냉소하고 있다고 말하려는 것은 아닐까? 근성도 오기도 없이 너무도 허약해졌다는 것이다. 이 시대에 우리에게 필요한 것은 주저하는 허약 한 사유가 아니다. 개 같은 곤조다.

3장

마흔이 되어
우리가 잃어버린 것

一 사랑이 왜 변하죠?

문득 앞에 앉아 있는 아내를 본다. 아내는 손으로
발뒤꿈치의 마른 살들을 뜯어내고 있다. 발뒤꿈치의
마른 살들은 눈곱, 트림, 방귀, 똥배와 함께 아내의
이미지를 구성한다. 그 순간 아내는 사랑의 대상이
아니라 진정한 가족의 일원으로 '변질'된다. 그런
진정한 가족과는 낭만적 키스가 불가능하다.

하나,

사랑

| 변하니까, 사랑

흔한 농담이 있다. 남성들이 원하는 여성상 1위는 무엇일까? 예쁜 여자. 2위는? 물론 예쁜 여자다. 그렇다면 3위는? 예상하듯이, 예쁜 여자다. 농담이지만, 여기에는 어떤 진실이 감춰져 있다. 모든 남자는 예쁜 여자를 좋아한다. 그러나 현실에서 모든 남자들이 예쁜 여자와 살지는 않는다.

현실적으로 모든 남자가 예쁜 여자와 살 수 없다는 점을 말하려는 것이 아니다. 현실에서는 살고 있지 않다는 점이 중요하다. 이러한 현실의 원인은 모든 남자는 예쁜 여자와 산다고 생각하기 때문이다. 모든 사람들은 예쁜 여자와 살고 있다고 믿는다. 진정으로! 사랑은 이렇게 착각의 환상에 근거한다.

부부 동반 모임에서 일어났던 일이다. 어떤 친구가 뭔가 의미심장한 미소를 머금고 이렇게 말했다. "내 아내 어때? 예쁘지!" 이런 표현은 친구에게 자랑하는 어투가 아니다. 오히려 스스로에게 자랑하고 싶었던 건 아닐까? 왜 자신에게 자신의 아내가 예쁘다는 점을 자랑하고 싶었을까? 아내가 예쁘지 않다는 것을 무의식적으로 의식했기 때문이다. 그 점을 의식하고 있는 자신에게 확인시켜주고 싶었던 것이다. 이러한 확인 절차는 자랑이 아니라 의심이다. 친구에게 미소를 머금고 자신의 아내가 예쁘지 않느냐는 질문을 통해 변질된 사랑을 은폐하려던 것이다.

40대 남자에게 여자는 환상이 아니라 현실이다. 중년 남성 대부분은 퇴근 후 저녁 식사를 마치고, 남자의 당연한 권리인 양 소파를 온전히 차지하고 누워서, 또 당연한 향유인 양 텔레비전을 본다. 그러고는 문득 앞에 앉아 있는 아내를 본다. 아내는 손으로 발뒤꿈치의 마른 살들을 뜯어내고 있다. 발뒤꿈치의 마른 살들은 눈곱, 트림, 방귀, 똥배와 함께 아내의 이미지를 구성한다. 그 순간 아내는 사랑의 대상이 아니라 진정한 가족의 일원으로 '변질'된다. 그런 진정한 가족과는 낭만적 키스가 불가능하다.

롤랑 바르트Roland Barthes는 《사랑의 단상Fragments d'un discours amoureux》에서 '변질'을 이렇게 정의한다.

하찮은 사건이나 어떤 미세한 것 때문에 사랑하는 사람은 그 선한 이미지가 갑자기 변질되고 전복되는 것을 본다.

전복된다는 것은 사랑스러운 이미지가 순간 혐오스런 이미지로 변질된다는 말이다. 바르트가 사랑에 대해 내린 독특한 정의 가운데 하나는 이렇다. "주체가 사랑하는 것은 사랑 그 자체이지 대상이 아니다."

어쩌면 인정하고 싶지는 않지만, 우리들이 사랑했던 것은 객관적 대상이 아니라 자신이 가지고 있는 사랑이라는 주관적 감상, 환상 그 자체인지도 모른다. 대상을 사랑하게 되는 계기는 자신이 가진 주관적 환상이 만들어내는 상대의 사소한 이미지 때문이지, 대상 자체 때문이 아니다. 우리는 사랑에 빠진다고 생각하지만, 실은 자신의 환상에 스스로 도취했을 뿐이다.

그렇게 순간적으로 전복되어 변질되어버리는 낭만적 사랑은 상실했다. 주관적 감상 그 자체에 심취했던 청춘은 가버렸다. 이제 현실에 충실한 중년들은 "사랑이 변하는 거니!" 하는 안타까운 호소에 대해 슬픈 일이지만, 미소를 머금고 '변하니까 사랑'이라고 말해줄 수 있는 여유를 가지기 시작했다.

| 낭만적 사랑 이후

우리 시대만큼 사랑의 영역에서 일어나는 요란한 소란을 경험했던 적이 있을까? 애정이 넘치는 시대다. 어디서든 '부자되세요'만큼이나 '사랑합니다'를 들을 수 있다. 돈을 벌지 않으면 불안하듯이, 사랑에 실패하게 되면 일자리가 없는 낙오자처럼, 인

생의 실패자인 양 스스로를 자책하기 일쑤다. 사랑은 이제 열광하면서 즐기는 하나의 레저 스포츠이면서 자신을 과시할 수 있는 소비재이기도 하다.

자본주의는 사랑을 더욱 아름답게 낭만적으로 상품화한다. 젊음의 열정을 되찾아야 하고 낭만을 회복해야 하며 각자의 취향에 따라 상품을 선택하라고 유혹한다. 이제 일의 커리어career와 성공만큼이나 사랑의 커리어와 성공은 인생의 승패를 좌우하는 중요한 요소가 되었다. 사랑의 기술은 자기 계발의 핵심 요소다.

젊은 사람들은 물론이고 유부남뿐 아니라 유부녀까지도 어린 애인 하나쯤 없다면 무능력한 사람이 된다. 애인은 이제 성공한 사람들을 증명하는 필수적인 증거이며 스펙이다. 이제 사랑은 고가의 상품처럼 의기양양하게 소비된다.

바르트의《사랑의 단상》은 사랑이라는 감정들이 만들어내는 모순을 역설적으로 드러낸다. 아름답지만 비루하며, 기이하지만 적나라하다. 이 책의 구성은 특이하다. 사랑의 다양한 모습들을 알파벳 순서에 따라 우연적으로 배열한다. 그러나 그 우연적 배열들로부터 드러나는 사랑의 모습은 사랑이 성숙해나가는 연대기이며 서사시다.

이 책의 초반부는 사랑을 일으키는 주관적 환상에 주목한다. 바르트는 상대 그 자체가 아니라 환상과 이미지를 통해 상대를 지배하려고 하는 사랑의 폭력성을 말한다. 낭만적 사랑에는 폭력이 감추어져 있다.

자신의 주관적인 낭만적 환상으로 상대를 사랑하고 찬미하지만 거기에는 대상 자체를 이해하지 않고 규정하려는 지배가 있다. 찬미에 동원되는 언어가 바로 형용사다. 바르트는 이러한 형용사를 인간관계의 문제점이라고 생각했다. 바르트의 자서전인 《롤랑 바르트가 쓴 롤랑 바르트》에서는 '형용사'를 노골적으로 혐오한다.

> 형용사화 되고 마는 관계는 이미지의 영역에 속하고, 지배와 죽음의 영역에 속한다.

형용사화 되는 관계가 지배와 죽음의 영역이 된다는 것은 상대 그 자체의 모습을 그대로 보지 않고 주관적 환상으로 투사하기 때문이다. 오히려 인간관계가 완성되는 것은 이러한 형용사가 가득한 규정적인 이미지가 없어지는 때다. 환상이 벗겨진 현실을 그대로 보는 때다.

바르트의 이런 사유는 도가道家적 색채가 짙다. 실제로 바르트는 노자를 잘 알고 있었다. 《도덕경》의 유명한 첫 구절인 "도를 도라고 말하면 그것은 늘 그러한 도가 아니다[道可道, 非常道]"라는 말도 바르트의 이런 맥락에서 이해할 수 있다.

언어로 규정되어 지배할 수 없는 사물 그 자체의 자연스러움에는 형용사가 필요 없다. 바르트가 말하는 형용사란 대상을 정의하려는 언어적 규정이다. 어떤 이미지와 표상으로 대상을 규정

하는 행위는 대상을 그 이름 속에 속박하는 것이다. 사랑이 폭력
으로 변질되는 이유이기도 하다.

| 많이 알면 사랑이 더 깊어질까?

사랑한다면 상대를 더 잘 알게 될까 아니면 더더욱 알지 못하
게 될까? 사랑하면 할수록 상대를 더 깊이 이해한다고 생각하는
것이 상식이다. 하지만 바르트는 이러한 이해는 독선적 오만에
불과하다고 본다. 사랑하는 사람을 잘 안다는 오만의 역설을 바
르트는 이렇게 표현한다.

> 사랑하면 할수록 더 잘 이해하게 된다는 말은 사실이 아니다.
> 사랑의 행위를 통해 내가 체득하게 되는 지혜는, 그 사람은 알
> 수 있는 사람이 아니라는 것, 그러나 그의 불투명함은 어떤 비
> 밀의 장막이 아닌 외관과 실체의 유희가 파기되는 명백함이
> 라는 것이다.
>
> —《사랑의 단상》 중에서

상대를 투명하게 알지 못하기 때문에 그에 대한 사랑이 명백
하지 못한 것은 아니다. 오히려 상대를 투명하게 알지 못할 때 상
대에 대한 사랑이 명백하게 드러난다. 이 역설은 어떻게 가능한
가? 사랑의 명백함을 가로막는 것은 상대에 대한 무지가 아니라

오히려 형용사로 규정해서 스스로 만든 환상의 유희들이다.

불투명함이 명백함이 된다는 것은 환상의 장난들이 제거될 때, 타자에 대한 불투명한 앎이 오히려 사랑의 명백함이 된다는 역설이다. 상대를 알 수 없다는 자각이 사랑의 깨달음으로 전환되는 순간이다. 외관과 실체를 규정하려는 언어적 유희가 파괴될 때 오히려 대상에 대한 사랑이 명백해진다.

상대에 대해서 많이 안다고 생각하는 것이 사랑이 깊다는 증거는 될 수 없다. 오히려 상대에 대해 많이 안다고 생각하는 그 오만이 사랑을 가로막을 수 있다. 알 수 없는 것을 알게 되는 이 역설적 앎은 어떻게 가능한가? 다시 노자를 참조할 수 있다.

배움을 연마하는 것은 날마다 더하는 것이며, 도를 수양하는 것은 날마다 비우는 것이다. (爲學日益, 爲道日損)

—《도덕경》 중에서

무엇을 더하고 무엇을 비운다는 말인가? 상식적으로 배움이란 지식의 축적이다. 나이를 먹은 사람이 젊은 사람보다 현명한 이유는 지혜나 지식이 많다는 점이다. 지혜나 지식이 많다는 것은 익숙하게 일을 처리할 수 있다는 말이다.

그러나 동시에 익숙한 영역을 낯설게 볼 수 있는 능력이나, 익숙하지 않은 영역을 새롭게 바라볼 수 있는 능력이 떨어지는 것이기도 하다. 지식의 앎이란 세상을 익숙하게 하지만 그 익숙함이 오히려 대상 그 자체를 그대로 보는 앎을 가로막는 장벽이 된다.

노자에 따른다면 우리가 뭔가 새로운 것을 깨달아 간다고 하는 것은 이전에 가지고 있던 지식을 버리는 것이다. 배움을 연마하는 사람은 날마다 고정된 지식을 더하지만, 도를 수양하는 사람은 날마다 고정된 지식을 버린다. 고정된 지식은 대상을 바라보는 데에 편견의 장애가 될 뿐만 아니라 권위라는 힘을 빌려서 타인에게 강요하기도 한다.

우리는 사랑하는 사람의 정체를 잘 알 수 있다고 생각할 뿐 아니라, 잘 알고 있다고 착각하기 쉽다. 잘 안다는 생각 때문에 그를 지배하고 소유하려고 하거나 아니면 싫증을 느낀다. 문제는 잘 알고 있다는 오만과 착각이다. 이 오만과 착각이 사물을 사물 그 자체로 보고 느끼고 경청하려는 겸손을 가로막는다.

그래서 바르트는 '비어 있음'이라는 뜻의 명사 '베뀌이떼vacuité'를 이렇게 정의한다.

알 수 없는 채로 남겨 두는 것 vacuité. 사랑하는 사람을 이해하고 정의하려는 노력을 배제하는 것 혹은 그런 수수께끼의 빈 공간에 사랑하는 이를 그 자체로 내버려 두려는 노력.

—《사랑의 단상》중에서

| 나의 아내는 나의 사랑하는 아내가 아니다

바르트는 성숙한 사랑의 지혜를 이렇게 설명한다. '그대로'라는 사랑의 방식이다.

> 사랑하는 사람은 사랑하는 이를 정의해야만 하는 그 끊임없는 요청 앞에 자신이 내리는 정의의 불확실성 때문에 괴로워하면서 모든 형용사가 배제된, 있는 그대로의 그 사람을 받아들이는 지혜를 가질 수 있기를 꿈꾼다.
>
> —《사랑의 단상》중에서

이제 상대를 정의하려는 이미지와 형용사가 폐기될 때, 사랑하는 타자는 무한히 음미되고 경청해야 할 텍스트가 된다. 롤랑 바르트는 사랑하는 사람은 사랑의 대상을 '아토포스atopos'로 인지한다고 말한다. 아토포스는 장소를 뜻하는 '토포스topos'에서 유래한 말이며 '아a'는 부정을 의미하므로 어떤 장소에 고정될 수 없다는 뜻이다.

이 말은 사랑하는 사람의 정체를 헤아릴 수 없다는 말이기도 하다. 이제 알 수 없는 것에 대한 설렘을 가지고 알 수 없는 것의 앎에 도달하려고 한다. 그러므로 바르트에 의하면, 성숙한 사랑은 대상 그 자체를 규정하려는 폭력성을 없애는 것이다. 그래서 바르트는 이렇게 말한다.

> 그 사람을 정의하려는 대신(그는 과연 어떤 사람일까?) 나는 내
> 자신에게로 시선을 돌린다. 당신을 알려고 하는 이 나는 무엇
> 을 원하는 것일까?
>
> —《사랑의 단상》중에서

그리하여 먼저 나는 나를 탐독한다. 그것은 나의 무지와 욕망을 확인하는 과정이다. 나 역시 나를 이해할 수 없다. 나는 알 수 없음으로 가득 차 있다. 나조차도 타자가 되어버린다. 바르트는 다른 방식으로 상대에게 다가갈 수 있는 길을 모색하기 시작한다. 그것은 상대를 소유하려 하지 않고 그대로 남겨두는 내려놓음이다. '렛 잇 비Let it be'다. 그런 점에서 바르트는 매우 '노자'적이다.

> 사랑하는 사람은 사랑의 관계의 어려움이, 사랑하는 이를 이
> 런저런 방법으로 전유하려는 자신의 욕망에서 비롯된다는 것
> 을 알고, 이후부터는 그에 대한 모든 '소유의 의지'를 포기하기
> 로 결심한다.
>
> —《사랑의 단상》중에서

소유의 의지를 포기할 때 사랑의 대상 그대로 그 자체를 경청하며 음미하고 받아들이게 된다. 그러나 경청한다는 것은 두려운 일이다. 그의 소리를 들었다면 우리는 결단하여 행동할 수밖에

없기 때문이다. 듣는다는 행위는 수동적이지만 능동적일 수밖에 없다.

사랑하는 사람의 마음과 상태를 지레 짐작하여 그럴 것이라고 규정하려는 것도 폭력이다. 이 모든 것을 내려놓고 그대로 경청한다면 사랑하는 사람의 마음속 깊이 감추어진 고통에 공감할 수밖에 없다. 그 순간 우리는 능동적일 수밖에 없다.

이러한 논리에 따른다면 이런 역설적인 명제가 가능하다. "나의 아내는 나의 사랑하는 아내가 아니다. 그러나 그렇기 때문에 나의 사랑하는 아내가 된다." 이것이 아토포스적 사랑의 역설이다. 나의 아내는 내가 규정하고 형용하려고 했던 아내의 이미지가 아니다. 그 이미지의 환상이 제거된 채 그대로의 아내를 용기 있게 경청한다. 그러나 그렇기 때문에 나의 사랑하는 아내가 된다.

고전 읽기

롤랑 바르트의 《사랑의 단상》

이 책에서 묘사되는 사랑의 양태는 권태에서 변태까지, 감정의 바닥에서부터 시작해 낭만과 주저와 폭력과 담담함과 여유로 이어진다. 가히 사랑의 박물관이라고 할 수 있다. 바르트는 사랑의 담론이 지극히 외로운 처지에 놓여 있다는 의식으로부터 이 책을 시작한다. 사랑이 흔해지면 실로 사랑은 외로워지는 법이다.

사르트르는 실존주의자이고 바르트는 구조주의자라고 평할 수 있다. 사르트르는 주체의 자유와 선택을 강조했고 바르트는 주체를 해체

한다. 문학적인 맥락에서 볼 때 사르트르와 바르트는 대립적 입장에서 있다. 바르트는 "독자의 탄생은 저자의 죽음이라는 대가를 치러야한다"라고 하면서 저자의 죽음을 말한다. 마치 주체의 죽음처럼 느껴지는 대목이다.

사르트르가 능동적으로 의미를 부여하는 저자의 기능이나 저자의 의미가 담겨 있는 작품을 강조했다면 바르트는 수동적으로 의미를 경청하고 음미하는 독자의 능력과 무한한 해석의 가능성이 담긴 텍스트를 강조했다. 그에게서 텍스트는 저자의 의미를 해독해야 할 대상이아니라 주이상스jouissance. 향유, 즐김의 대상일 뿐이다.

나의 스타일에 꼭 맞는 책이었기에 바르트의 생각대로 이 책은 읽는 내내 바르트의 의도를 해독해야 할 작품이 아니라 내가 향유했던텍스트였다. 내가 놀란 것은 바르트의 문장 속에 감추어진 중국의 향내들이다. 게다가 그의 사고는 매우 도가道家적이었다는 사실!

나는 롤랑 바르트를 스타일리스트라고 평가한다. 단지 문학적인 측면에서의 문체를 말하려는 것이 아니다. 그가 이룬 독특한 스타일은문체가 아니라 삶 자체의 스타일이 아닐까. 그의 문장 사이사이에는어떤 어조, 뉘앙스, 리듬, 침묵이 담겨 있다는 느낌을 지울 수 없다. 그녹진한 감성을 읽어내지 못했다. 그것을 불어로 읽지 못하는 나의 무능력을 통탄할 뿐이다. 어쩌면 나에겐 이 책《사랑의 단상》은 직접 불어로 읽어야만 하는 유일한 책인지도 모른다.

왜 즐겁지가 않을까요 ?

나이가 들면서 상실한 즐거움은
자본이 제공하는 향락적 즐거움이 아니다.
보기만 해도 즐거운 천진난만한 즐거움이다.
그 즐거움은 자연적이고 필요한 욕망에 따라 사는
자기만족 그 자체의 결과다.

둘,
즐거움

'안빈낙도'란 가난을 칭송하는 말이 아니다

"가난은 죄가 아니다, 다만 불편할 뿐"이라고 말하는 사람들이 있다. 물론 죄는 아니다. 그러나 죄가 아니기 때문에 아무런 불평도 없이 부당한 불편함을 온전히 감당하는 것을 무죄라고 할 순 없지 않은가. 가난은 죄가 아니지만 벗어나야 할 불편이지 불평 없이 감당해야 할 안락은 아니다.

중년이 되어 돈을 많이 번 친구들이 술자리에서 흔히 하는 말이 있다. "자신이 진정으로 하고 싶은 일을 하는 사람은 행복해. 돈만을 추구하면서 자신이 싫어하는 일을 억지로 하며 사느니, 차라리 돈은 못 벌어도 자신이 즐겁게 할 수 있는 일을 하는 것이 행복한 인생이야" 하는 말이다. 안빈낙도安貧樂道를 칭송한다. 가

난하더라도 자신의 진정한 즐거움을 누리는 것이 행복이라는 말
이다. 그런 생각을 가졌으면서도 자신의 부를 내려놓지 않는 친
구의 말은 물론 철학자다운 말이다. 가진 자들은 나이를 먹으면
철학자까지 되고 싶어 한다. 돈과 함께 지혜까지도 겸비하고 싶
어 한다. 탐욕을 부리면 권력까지도 탐한다.

많은 철학자들이 그렇게 물질적 행복과 정신적 행복을 구별하
며 정신적 행복을 진정한 행복이라고 충고했다. 물론 최고급 자
동차나 호사스런 집을 가졌다고 해도 친구도 없이 불안과 고독
만 가득하다면 행복할 순 없다.

그러나 이런 논리는 단순한 이분법적인 위로다. 행복은 가난
과 부귀 혹은 정신과 물질이라는 이분법에 의해서 결정되는 것
이 아니다. 이와 같은 논리는 누구의 입에서 나오느냐에 따라 다
르다. 부귀를 누리는 사람이 이런 논리를 가난한 사람 앞에서 들
먹인다면 가진 자의 엄살처럼 들린다. 가진 자의 엄살만큼 가증
스러운 일은 없다. 자신이 챙길 것은 다 챙기고 또 부족한 듯싶은
것까지 챙기려 들면서 엄살을 떤다. 엄살이 아니라면 말만하지
말고 모든 것을 포기해야 한다.

그렇다면 가난한 철학자가 부귀를 누리는 사람들 앞에서 정신
적 행복을 설파한다면 어떨까?

철학자들이 부귀를 경멸하는 것은 운명이 그들에게서 빼앗아
간 부귀를 경멸함으로써 운명의 부당함에 복수하겠다는 감추

어진 욕망의 발로였다. 또한 가난의 초라함을 변명하는 비결
이었으며, 그들이 부귀로써 얻지 못한 존경을 세상에서 구하
기 위한 책략이었다.

— 라 로슈푸코, 《인간의 본성에 대한 풍자 511》 중에서

인간의 심리를 시니컬하게 드러내는 프랑스 작가 라 로슈푸코
La Rochefoucauld의 독설이다. 철학자들의 현학적인 말들은 자신의
실패를 감추고 부귀를 이룬 사람에게 복수하겠다는 보상 심리의
발로다. 부귀를 경멸하며 "부러워하면 지는 거야!" 하고 이를 앙
다물지만, 이미 진 것이다. 부러워하는 자신을 이미 의식했기 때
문이다.

안빈낙도를 말하며 가난 속에서도 즐거움을 잃지 않는 사람이
물론 있다. 모두가 그러한 것은 아닐 테지만, 라 로슈푸코에 따른
다면 위선일 수도 있다. 철학자 들뢰즈Gilles Deleuze의 《스피노자의
철학》에는 이런 논리가 있다.

철학자에게 겸손, 검소, 순수는 다른 삶을 위한 수단이 아니라
철학 자체의 결과들이다.

그래서 이런 말이 가능하다. "철학자에게서 가난은 도덕적 목
적이나 수단이 아니라 철학 그 자체의 결과다." 이 말을 패러디
해보자. "철학자에게서 즐거움은 도덕적 목적이나 수단이 아니

라 철학함 그 자체의 결과다." 다시 패러디하자면, "인생에서 즐거움은 도덕적 목적이나 수단이 아니라 삶 그 자체의 결과다."

이런 맥락에서 '안빈낙도'란 가난을 칭송하는 말이 아니다. 안빈安貧은 낙도樂道의 수단이나 목적이 아니다. 진정한 즐거움 그 자체의 결과로서 주어진 삶의 평온일 뿐이다. '안빈낙도'를 외치며 자신의 가난함을 정당화하는 것은 위선이다. 가난은 '낙도'의 결과일 뿐이지 가난하다고 '낙도'가 되는 것도 아니고 '낙도'하기 위해 가난해야만 하는 것도 아니기 때문이다.

| 자연적이고 필연적인 욕망을 이해하는 일

사회적 안정을 이룬 중년들 모두는 쾌락주의자인지도 모른다. 맛있는 음식을 먹으러 맛집을 찾는 미식가들이고, 취향을 개발해 향유하려는 향락가들이다. 해외여행을 마음껏 즐길 수 있는 자유인이다. 하지만 아무도 쾌락을 즐기다가 결과적으로 가난해져도 좋다고 생각하지는 않는다. 자본이 제공하는 쾌락을 즐길 수 있는 이 현 상태가 유지되지를 원할 뿐이다. 쾌락은 행복을 위한 상징적 언어가 되었지만, 현 상태를 유지할 수 있는 경제적 조건이 문제다.

에피쿠로스Epicurus, 기원전 341–271의 생각대로 현대사회는 이제 쾌락이 인생 최고의 목적이 되었다. 하지만 에피쿠로스의 생각과는 달리 돈 없는 사람들은 즐거움을 잃었고 고통이 가중되었고 불안이 늘어났으며 자유는 속박당했다.

에피쿠로스가 살았던 시대는 사회적으로 불안정한 시대였다. 자유는 불가능하고 부자들의 사치와 가난한 사람들의 빈곤이 넘치는 시대였다. 이러한 때 에피쿠로스는 '숨어 살라'는 은둔의 삶을 주장했다. 자발적으로 안빈낙도를 선택한 사람이다. 불평등과 억압 속에서 부귀를 얻으려면 자유를 포기해야 하기 때문이다. 돈과 권력을 얻으려면 갑질하는 주인 밑에서 노예노릇을 해야 하기 때문에 자유를 얻을 수 없다.

차라리 에피쿠로스는 허망한 부귀에 대한 욕망을 버리고 소박한 자유를 원했다. 자유의 핵심은 '자기만족autarkeia'이다. 그래서 번잡한 도시 생활을 벗어나 아테네 외곽에 소박한 '정원'을 만들어 뜻을 공유하는 사람들과 공동체 생활을 했다. 에피쿠로스는 이 단순하고 소박한 생활 방식 속에서 안분지족했다. 그에게 자유가 가능했던 것은 기본적인 생활을 영위할 수 있는 소박함에 대한 만족이었다. 핵심은 가난이 아니라 자기만족이다. 에피쿠로스가 말하는 쾌락은 '아타락시아ataraxia'와 '아포니아aponia'이기 때문이다. 아타락시아는 마음이 동요하는 불안이 없는 상태이고 아포니아는 몸의 고통이 없는 상태다.

부귀와 명예의 소유가 반드시 행복을 보장해주지 않는다. 그러나 그렇다고 해서 절대적인 가난과 금욕이 행복을 가져다주는 것은 아니다. 때문에 에피쿠로스가 말하는 쾌락은 부귀의 방탕에서 나오는 것도 아니고 가난의 검소함 자체에서 나오는 것도 아니다. 그러므로 에피쿠로스가 욕망epithymia을 분류하는 것은 당연하다. 첫째는 자연적이며 동시에 필연적이고, 둘째는 자연적인 것이지만 필연적인 것은 아니고, 셋째는 자연적이지도 않고 필연적이지도 않으며, 다만 헛된 생각에 의해 생겨난다.

자연적이며 필연적인 욕망은 목마르면 물 마시고 배고프면 밥을 먹어 고통을 해소하려는 욕망이다. 여기서 말하는 필연성은 영어로 '네세시티necessity'이므로 '네세서리necessary'라는 '필요성'으로 이해해도 좋다. 타인의 시선을 의식하지 않고서 나 자신에게 진정으로 필요한 것을 원하는 욕망을 말한다.

자연적이지만 필연적이지 않은 욕망은 사치스런 음식을 먹으려는 욕망과 같은 것이다. 이러한 욕망은 만족을 모르기 때문에 고통을 해소하지 못한다. 자연적이지도 필연적이지도 않은 욕망은 명예를 바라면서 동상을 세우려는 욕망이다. 헛된 욕망이다.

에피쿠로스가 분류한 욕망은 자연적인 욕망과 자연적이지 못한 욕망, 그리고 필요한 욕망과 필요하지도 않은 욕망으로 구분될 수 있다. 자연적이고 필요한 욕망을 만족하는 것이 행복의 요건이다. 자연적이지 않거나 필요하지도 않은 욕망들은 불안과 고통을 만들어낼 뿐이다. 핵심은 자연적이고 필연적인 욕망을 이해하는 일이다. 헛된 욕망을 자제하는 것이기도 하다. 헛된 욕망과 진짜 욕망을 분별하는 일이다.

쾌락이 넘쳐나는 자본의 사회다. 돈만 있다면 즐기고 싶은 쾌락을 어떤 형태로든 즐길 수 있다. 모든 영역에서 다양한 감각을 충족시킬 수 있다고 선전하고 유혹한다. 이렇게 풍족한 사회에서 풍문처럼 떠도는 농담이 있다.

20대는 답이 없고, 30대는 집이 없고, 40대는 내가 없고, 50대는 일이 없고, 60대엔 낙樂이 없다. 그러나 어찌 60대만 낙이 없겠는가. 내가 없고 일이 없어진 40대, 50대뿐 아니라 집이 없고 답이 없는 20대, 30대조차도 낙이 없기는 마찬가지다. 쾌락이 넘쳐나는 사회에서 돈이 없는 사람들은 즐거움을 잃었다.

60대 이후의 노후老後 생활은 20대부터 이미 노후老朽해져버린 사회다. 이것은 개인적인 차원의 문제가 아니다. 사회적인 차원의 문제다. 해법은? 당연하다. 사회적인 차원에서 안전망을 확보해야 한다.

20대에게 희망의 답을 주고, 30대에 내 집 마련의 기초를 제공하고, 40대에는 자기 존중감이 가능한 사회적 조건을 마련해야 하며, 50대엔 직업의 안정성과 성취감이 가능해야 한다. 그래야 가까스로 60대에 인생의 낙을 향유할 수 있다.

이러한 조건을 사회가 제공하지 못했다면? 물론 무능력하고 부정의한 국가를 비판하고 저항해야만 한다. 정당하게 즐거움을 누릴 수 있는 조건을 마련할 수 있는 권리와 압박을 행사해야 한다. 그러나 사회적 차원과 더불어 개인적 차원의 문제를 생각할 때 에피쿠로스에게도 참고할 만한 논리가 있다. 에피쿠로스에게서 가장 핵심적인 논리는 진짜 욕망과 가짜 욕망을 판단할 수 있는 능력이다. 헛된 생각에 의해 생겨난 가짜 욕망은 자연적이지도 않고 필요하지도 않으면서도 고통과 불안을 야기하기 때문이다.

> 내가 말하는 쾌락은 몸의 고통이나 마음의 혼란으로부터의 자유이다. 왜냐하면 삶을 즐겁게 만드는 것은 계속 술을 마시고 흥청거리는 일도 아니고, 욕구를 만족시키는 일도 아니며, 물고기를 마음껏 먹거나 풍성한 식탁을 가지는 것도 아니고, 오히려 모든 선택과 기피의 동기를 발견하고 공허한 추측들(이것 때문에 마음의 가장 큰 고통이 생겨난다)을 몰아내면서, 멀쩡한 정신으로 계산하는 것nephon logismos이기 때문이다.
>
> — 에피쿠로스, 《쾌락》 중에서

핵심은 멀쩡한 정신으로 계산하는 것이다. 여기서 계산은 이해득실을 수치적으로 계산하라는 의미가 아니다. 모든 선택과 기피의 동기를 발견하는 일이다. 욕망이라고 해서 모두 진짜 욕망은 아닐 수도 있다. 선택하고 기피하게 만드는 욕망이 일어나게 된 더욱더 근원적인 동기를 발견하는 일이다.

그래서 공허한 추측과 헛된 생각과 허영심에서 나온 욕망을 멀쩡한 정신으로 분별하는 일이다. 그것을 사려 깊음이라고 한다. 프로네시스phronesis다. 프로네시스란 말은 신중함으로 흔히 번역되는 영어 '프루던스prudence'의 어원이다. 에피쿠로스는 사려 깊음을 심지어 철학보다도 소중하다고까지 말한다. 이론적 지혜보다 실천적 지혜에 가깝기 때문이다.

이 진짜 욕망에 충실한 자기만족은 자유를 가져다준다. 사려 깊음을 통해서 자연적이고 필연적인 욕망을 선택하고 그에 따라 사는 것이다. 자기만족은 어떤 외적인 사물을 획득함으로써 충족되는 것이 아니다. 외부로부터 오는 것이 아니라, 외부로부터 완전히 독립되어 사려 깊은 내면을 지킬 때 찾아온다. 때문에 소박한 검소함 그 자체는 도덕적 목적이나 수단이 아니다. 검소한 가난은 사려 깊음을 통해서 자연적이고 필요한 욕망에 따라 사는 자기만족 그 자체의 결과일 뿐이다.

| 무엇을 먹을지 생각하지 말고, 누구와 먹을지를 생각하자

어린 딸아이가 놀이터에서 놀고 있는 모습을 볼 때면 한없이 즐거우면서도, 또 한없이 서글퍼진다. 즐거운 이유는 천진난만한 즐거움을 보는 나 자신도 즐거워지기 때문이다. 서글퍼지는 이유는 이제는 상실한 즐거움이기 때문이다.

나이가 들면서 상실한 즐거움은 자본이 제공하는 향락적 즐거움이 아니다. 보기만 해도 즐거운 천진난만한 즐거움이다. 그 즐거움은 자연적이고 필요한 욕망에 따라 사는 자기만족 그 자체의 결과다. 이러한 즐거움은 타자의 시선을 의식하면서 타자에게 설명하고 설득하여 승인을 필요로 하기는커녕 자기 입증적이고 따라서 자족적이다. 자기만족적 즐거움은 자기 입증적이기 때문에 타인들은 매력적으로 느끼고 그래서 공감하고 유혹 당한다.

그렇기 때문에 어쩌면 타인의 공감을 얻어 유혹하지 못하는 즐거움이란 완전하게 충족되지 못한 것일 수도 있다. 타인의 공감과 인정이란 즐거움의 자기만족적 강도가 발휘하는 감동의 효과다. 가짜 욕망이 아니라 진짜 욕망에서 우러나오는 진정한 즐거움이 공감을 불러일으키고 매력으로 유혹한다.

에피쿠로스의 쾌락주의는 혼자만의 즐거움을 만족하는 이기적 자기 충족은 아니다. 에피쿠로스가 말하는 쾌락은 언제나 사람들과 함께하는 우애를 동반한 즐거움이다. 자기만족은 혼자만의 고립적인 나르시시즘이 아니라 친구들과의 우애를 통해 형성되고 완성된다.

우애를 통해 형성된 즐거움은 단지 자신의 고통과 불안을 없애려는 검소의 금욕도 아니다. 또한 헛된 쾌락과 사치를 즐기려는 부귀의 방탕도 아니다. 사회 속에서 자연적이면서도 필요한 진짜 욕망을 사람들과 정당한 방식으로 향유하는 것이다. 동시에 이 향유가 타인들의 공감을 일으켜 함께 누릴 수 있는 우애의 방식으로 드러나야 한다.

무엇을 먹을지 생각하지 말고, 누구와 먹을지를 생각하라. 혼자 식사하는 것은 들판의 사자나 늑대가 하는 짓이다.

— 알랭 드 보통,《철학의 위안》중에서

우애를 나누며 공감하는 쾌락은 고통을 피하는 소극적인 피세를 통해서 해결될 수는 없다. 사람들과 함께 고통을 감내하고 스스로 자신의 즐거움을 입증하는 적극적인 노력을 통해 성취할 수 있다. 그것은 사회 바깥에서 이루어지는 것이 아니라 사회 안에서 즐거움을 가능케 하는 공간을 만들어내는 일이다.

그것은 가난의 즐거움만이 아니라 부귀일지라도 함께하는 즐거움이다. 문제는 공허한 추측과 헛된 욕심에서 오는 거짓된 욕망과 진짜 욕망을 먼저 분별하는 일이다. 그런 점에서 본다면 에피쿠로스의 다음과 같은 말은 철학에 대한 명확한 정의다.

우리는 철학을 하는 체하면 안 되며, 실제로 철학을 해야 한다. 왜냐하면 우리가 필요한 것은 건강한 것처럼 보이는 것이 아니라, 진짜 건강한 것이기 때문이다.

—《쾌락》중에서

에피쿠로스의 말을 패러디하자면 이렇다. "우리는 즐거워하는 체하면 안 되며, 실제로 즐거워해야 한다. 왜냐하면 우리가 필요한 것은 욕망하는 것처럼 보이는 것이 아니라, 진짜 욕망하는 것이기 때문이다."

에피쿠로스의 《쾌락》

미각의 쾌락을 빼앗고 성적 쾌락을 빼앗고 듣는 쾌감을 빼앗고 모든
감각적 쾌락을 빼앗는다면 인간의 행복의 본질을 어디서 찾을 수 있
을까? 그렇지 않은가. 행복을 감각적 쾌락이 아니라면 어디에서 구할
것인가? 쾌락주의로 알려진 에피쿠로스는 이런 의구심을 던졌다. 영
어 에피큐리언epicurean이란 사치스럽다는 의미이고 식도락 등의 미식
가를 의미하며 향락을 즐기는 뜻으로 풀이한다.

과연 에피쿠로스의 생각대로 현대인은 모두 에피큐리언이 되었지만
에피쿠로스의 진정한 쾌락과 행복의 의미를 깨닫고 있는 것 같지는 않
다. 미식가가 되었고 성적 자유와 여행의 자유 등 감각적 쾌락을 향유
하고 있지만 우리는 여전히 행복하지 않고 자유롭지 않다.

우리는 보통 쾌락하면 뭔가 성적인 의미와 함께 풍족한 향유를 떠
올린다. 그러나 에피쿠로스에게서의 쾌락이란 고통이 제거된 상태 속
에서 자족감과 같은 것이다. 소박한 자기만족을 의미한다. 에피쿠로스
는 죽을 때까지 '정원' 공동체에서 활동하면서 동료들과의 우애를 강
조했다. 그가 말하는 쾌락이 단지 개인적인 차원의 감각적 쾌락의 향
유를 의미하지 않는다는 점을 몸소 삶으로 보여주었던 것이다. 핵심은
소박함과 우애에 있다.

현대인은 가진 것이 부족해서 만족스럽지 못한 것이 아니라 지금
가지고 있는 것을 제대로 누릴 줄 모르기 때문에 만족하는 방법조차
모르는 것이 아닐까. 감각적 쾌락이 풍족한 시대다. 풍족함에도 불구
하고 풍족함을 사람들과 함께 우애롭게 향유하지 못하는 시대이기도
하다. 풍족함에도 만족을 모르는 사회다.

사실 주목해야 할 부분은 에피쿠로스의 이런 말이다. "자연학이 없
다면 우리는 순수한akeraios 쾌락을 얻을 수 없다." 여기에서 표현된 아
케라이오스akeraios는 고통으로부터 완전히 자유로운 쾌락을 의미한
다. 에피쿠로스는 자유와 행복을 얻기 위해서 자연학을 권한다. 에피
쿠로스의 인생과 행복에 대한 사고는 그의 자연학에 기반하고 있다.
과학이다.

아직 우리에게 에피쿠로스의 자연학이 제대로 소개되지 못한 것이 아쉬울 뿐이다. 에피쿠로스의 권고에 의한다면 행복을 구하기 위해서 우리는 과학을 공부해야만 한다. 그러므로 모든 사람들에게 철학을 탐구해야만 한다고 충고하는 에피쿠로스의 말에는 당연히 과학이 포함되어 있다.

"젊은이건 늙은이건 철학을 탐구해야 한다. 그가 나이를 먹어감에 따라 지나간 일들에 감사하면서 축복 속에서 젊게 되도록, 또한 그가 미래의 일에 대해 두려움을 가지지 않음으로 인해, 비록 나이가 젊지만 노련하게 되도록(⋯)"

많은 현자들은 속세에서 살아가는 사람들에게
어린아이처럼 되라고 권한다. 어린아이와 성인聖人은
언제나 동일한 경지로 비교된다. 그러나 사실
어린아이만큼 고집이 세고 자신만 아는 존재는
없다. 그런데도 왜 많은 현자들은 어린아이와 같이
되어야만 한다고 했을까?

셋,

나르시시즘

| 죽이고 싶은 사람이 하나둘 늘어가는 나이

술자리에서 자괴감에 빠져 스스로를 멸시하는 말들을 늘어놓거나 과장된 어법으로 자신을 과시하고 있는 자신을 발견할 때가 많아지는 40대다. 자신감과 자존감이 약해질 수밖에 없는 나이지만 심해지면 마음의 문을 닫고 우울증에 빠질 수도 있다. 이제 40대를 넘어서면서 차츰 안개에 가려져 보지 못했던 사물들이 서서히 드러나기 시작한다.

나이가 40대 초반이군요. 살다보면 들추기 싫은 일이나 꼴도 보기 싫은 사람이 있죠? 당신에게 잘못한 사람을 죽이고 싶었던 적도 있을 테고. 하지만 용기가 없었군요. 아니면 필요성을 못 느꼈던가. 살인은 아주 쉽소.

영화 〈동사서독東邪西毒〉에서 청부 살인 업자 서독 구양봉이 그를 찾아온 의뢰인을 설득하는 말이다. 이 말은 돈 때문에 의뢰인을 설득하려는 킬러의 단순한 기만적 수사만은 아니다. 실제로 그러하지 않은가? 40대 초반이라면, 이제 인생의 반을 살아왔고 살아 내야만 하는 중년이라면, 죽이고 싶은 사람들이 하나둘 생기기 시작하는 나이 아닌가.

이 영화에서는 취생몽사醉生夢死라는 술이 나온다. 마시면 지난 일들을 모두 잊는 술이다. 이 영화는 지우고 싶은 기억의 고통에 관한 영화다. 이 영화의 영어 제목은 '시간이 남긴 재들Ashes of Time'이다. 기억이란 시간이 남긴 재일 뿐이다.

시간이 쌓아놓은 기억의 흔적들은 하찮은 재일 뿐이지만 잊으려 하면 할수록 더욱 잊을 수 없다. 그것에 더욱더 집착하게 된다. 그러나 우리는 왜 지난 일들을 잊으려 하면 할수록 집착하게 될까? 서독 구양봉이 홀로 내뱉는 말이 주목할 만하다.

지나치게 강한 질투심은 사람을 바꾸어 놓기도 하지. 남들이 나보고 뭐라고 얘기 하든 그들이 나보다 즐거운 게 싫다.

어쩌면 기억의 흔적을 잊지 못하고 집착하게 만드는 것은 과거의 기억 자체가 아니라, 그 기억에 붙어 있는 우리들의 질투 때문이다. 질투는 기억력이 좋은 동물만이 걸리는 지독한 병이다. 질투는 남을 부러워하는 감정이지만, 적의와 증오가 깔려 있다. 인간은 아직 증오와 질투를 무시할 만큼 위대하지는 않다.

그러나 단지 질투 때문에 우리는 과거의 기억을 잊지 못하는 것일까? 질투하는 자신을 의식하는 것도 괴로운 일이다. 흔히들 부러워하면 지는 거라고 상대를 외면하려고 하지만, 외면하면 할수록 이미 진 것이다. 부러워하는 자기를 이미 의식했기 때문이다.

그런 점에서 본다면 부러운 상대를 잊기는 쉬워도 부러워하는 자신을 잊기는 어렵다. 그래서 어쩌면 지난 과거의 기억을 잊고 싶은 것이 아니라, 지난 일들을 제대로 대처하지 못해 부러워할 수밖에 없거나 부끄러워할 수밖에 없는 자신의 무능력에 대한 혐오를 잊고 싶은 것인지도 모른다. 질투는 자기혐오와 밀접하게 관련이 있다. 어쩌면 죽이고 싶은 것은 당신에게 잘못을 저지른 타자가 아니라 부러워하거나 부끄러워하는 자기 자신인지도 모른다. 살인은 아주 쉽다.

| 우리가 잃어버린 어린아이의 나르시시즘

많은 현자들은 속세에서 살아가는 사람들에게 어린아이처럼 되라고 권한다. 어린아이와 성인聖人은 언제나 동일한 경지로 비교된다. 그러나 사실 어린아이만큼 고집이 세고 자신만 아는 존

재는 없다. 그런데도 왜 많은 현자들은 어린아이와 같이 되어야만 한다고 했을까?

나이가 들면 들수록 젊었을 때보다 깊어지는 것이 있다. 우울증과 허세다. 그것은 이중적이다. 자신에 대한 과도한 부정인 우울과 자신에 대한 과도한 긍정인 허세가 동시적으로 연결된 중년의 모습은 그래서 그로테스크하다. 이는 자기방어의 일종이다. 그리고 나르시시즘과 밀접하게 연결되어 있다.

많은 사람들이 나르시시즘을 현대인이 겪고 있는 정신병들의 근본적인 원인이라고 진단한다. 부정적인 의미로 '병적인 자기 사랑'이기 때문이다. 나르시시즘이 병이 되는 것은 두 가지다. 하나는 폐쇄적이고 또 하나는 과시적이다. 폐쇄적이 될 때 자학과 우울증이라는 자기 멸시에 빠지기 쉽고, 과시적이 될 때 허상에 의존한 허세적 오만에 빠지기 쉽다.

이 두 가지는 분리된 것이 아니라 깊숙이 연결되어 있다. 높디높은 산 정상의 허세적 오만은 깊디깊은 바다의 심연에 깔린 자기혐오로부터 올라왔을 뿐이다. 자기를 혐오하는 무의식이 자기혐오로부터 도피하기 위해서 자기를 착각케 하는 허세를 끌어올렸던 것이다.

나르시시즘은 그래서 현실을 부정하고 자기로 도피하거나 타인을 무시하면서 자기기만에 빠져 자기만족을 강화하기 위한 방어기제이다. 그러나 왜 이 폐쇄적 자기혐오와 과시적 허세는 나르시시즘과 연결되어 병적 증상이 되는가?

프로이트에 따르면 자아 이상Ichideal, ego ideal과 관련된다. 프로이트는 나르시시즘을 근원적 나르시시즘과 부가적 나르시시즘으로 구별한다. 프로이트가 말하는 리비도libido란 성충동과 관련된 심리적 에너지다. 리비도의 초기 상태는 자가 성애autoeroticism이다. 자가 성애란 외적 대상에 의지하지 않고 스스로 성적 만족을 충족하는 상태를 말한다.

자가 성애라는 근원적 나르시시즘이 외부의 대상으로 향해 충족을 구하는 것이 정상적인 발달 과정이지만 어떤 장애와 좌절을 겪게 될 때 부가적 나르시시즘이 형성된다. 부가적 나르시시즘이란 근원적 나르시시즘이 정상적으로 발달하지 못할 때 발생하는 정신병이다. 왜 장애를 겪게 되는 것일까?

자아 이상이란 자아가 자신을 맞추려고 하는 모델과 같다. 이것의 기원은 부모의 기대다. 어린아이는 부모의 기대에 자신을 맞추는 데에서 쾌락을 느낀다. 자아 이상은 "지금은 상실하고 없는 어린 시절의 근원적 나르시시즘을 되찾게 해주는 대체물"로 기능한다.

그러나 이 대체물인 자아 이상이 억압의 강력한 요인으로 작용할 때 장애를 겪게 된다. 한편으로는 실현되지 못한 자아 이상을 자기로 착각하는 기만적인 허세에 빠지거나 한편으로는 실현되지 못한 좌절 때문에 자기 멸시에 빠진다.

프로이트에 따른다면 이 자아 이상은 단지 개인적인 것이 아니라 사회적으로 형성된 것이기도 하다. 사회적인 공통 이상이 근원적 나르시시즘을 억압하고 구속한다. 부모의 기대이건 사회적 이상이건 모두 외부의 시선을 의식하고 숭배하기 때문에 노예적 삶을 살게 된다.

자가 성애적 나르시시즘은 외적 대상에 의지하지 않고 스스로 성적 만족을 충족하는 상태다. 다른 식으로 표현하자면 사회적으로 강요된 자아 이상이 없는 상태다. 외적인 타인의 시선을 의식하거나 타인의 인정을 구하지 않고서 자기만족을 느끼는 상태이기도 하다.

결국 부러워하면서 부끄러워하는 자신이란 내면에 공고하게 자리 잡은 과도한 자아 이상이 만들어낸 집착의 결과이다. 또한 그것은 불완전함과 의존성을 드러내주는 것이다. 과도하게 외부와 타인의 시선을 의식하고 억압을 받을 때 병리적인 나르시시즘이 된다.

프로이트에게서 자아 이상은 "지금은 상실하고 없는 어린아이의 근원적 나르시시즘을 되찾게 해주는 대체물"이었다. 주목해야 할 것은 지금은 상실하고 없는 근원적 나르시시즘이다. 프로이트는 이 근원적 나르시시즘을 어린아이와 같은 것으로 생각했다.

어린아이의 매력은 그 아이의 나르시시즘, 자기만족, 접근 불가능성에 있다.

— 〈나르시시즘에 관한 서론Zur Einführung des Narzißmus〉 중에서

프로이트는 고양이나 맹수 혹은 사기꾼이나 익살꾼도 이런 매력을 가진 예로 말한다. 이런 매력은 어린아이들만의 전유물이 아니다. 사기꾼이나 익살꾼 혹은 카리스마를 가진 독재자들에게도 가능하다. 왜 그러할까?

| 나를 잊고 나를 찾아라

프로이트는 니체의 저작을 일부러 읽지 않았다고 한다. 자신의 생각이 모두 니체의 말에 들어 있기 때문이다. 프로이트가 말하는 근원적 나르시시즘에 관한 특색을 간파한 사람은 니체다. 니체는《차라투스트라는 이렇게 말했다》에서 이렇게 말한다.

> 위대한 사기꾼들이 권력을 얻는 데는 다 이유가 있다. 사기를 치는 순간, 그들은 '스스로에 대한 믿음'에 압도된다. 바로 이런 믿음 때문에 주위 사람들에게 그들의 말이 그토록 대단하고 매혹적으로 들리는 것이다.

니체의 말에서 주목해야 할 것은 사기꾼이 가진 사기성이 아니다. 사람들을 매혹시키는 방식에 주목해야 한다. '스스로에 대한 믿음'이 가진 전염병적인 확산이다. 이 자기 확신은 매혹적으로 들리기 때문에 주위 사람들은 그에게 복종한다. 이것이야말로 자기 확신에 찬 나르시시즘의 극치다. 그 효과는 전염시키고 복종시킨다.

니체는 정신의 세 가지 변화를 말한다. 낙타에서, 사자로, 그리고 마지막으로 어린아이의 모습이다. 낙타는 자아 이상을 공경하고 두려워하는 짐승이다. 사자는 자아 이상을 살해한 야성의 짐승이다. 정신은 여기에서 완성되는 것이 아니다. 다시 어린아이가 되어야 한다.

어린아이의 모습은 "순진무구요 망각이요, 새로운 시작, 놀이, 스스로의 힘에 의해 돌아가는 바퀴이며 최초의 운동이자 거룩한 긍정"이다. 어린아이는 무엇을 망각할까? 자신을 부러움과 질투와 원한에 빠져 노예적 삶을 살도록 만든 자아 이상이다.

그러나 부러워하도록 만드는 우상을 망각하기는 쉬워도 부러워하는 자신을 망각하기는 어렵다. 어떻게 부러워하는 자신조차도 망각할 수 있을까? 스스로의 힘으로 돌아가는 놀이에 심취되고 자신을 거룩하게 긍정했기 때문이다. 자신을 억압하는 자아 이상을 망각하고 자기 리듬에 맞는 놀이를 창조했기 때문이다.

자기가 자기를 사랑하는 것이 나르시시즘이다. 그러나 자기가 자기를 사랑하는 것 자체가 나르시시즘의 문제는 아니다. 자기가 자기를 사랑하고 있다는 것을 스스로 의식해 억압하는 것이 병리적인 나르시시즘이다. 자기가 자기를 사랑하는 것을 스스로 의식하지 못한 채 자기를 사랑하는 것이 근원적 나르시시즘이다.

자기가 자기를 사랑하는 것을 스스로 의식하는 것은 타인도 그것을 의식하기 때문에 우습게 보인다. 그러나 자기가 자신을 사랑하는 것을 스스로 의식하지 않으면서도 자신을 사랑하는 모습을 타인이 바라본다면 그것은 우스운 일이 아니라 경탄과 매혹을 자아내는 일이다. 이것이 어린아이의 나르시시즘이다. 병리적 나르시시즘과 다른 점은 타인의 시선을 의식하는 억압이 없기 때문이다. 자아 이상을 망각하고 스스로의 놀이에 심취하였으면서도 그 도취적 심취가 타인을 경탄케 한다. 유혹하면서 전염시킨다.

많은 중년들이 자기 계발에 빠져 있다. 중년의 목표 상실이다. 자기 계발이란 내가 남에게 어떻게 보일지를 신경 쓰고, 사회적으로 요구하는 잠재력을 발전시켜 더 나은 인간으로 성장하라는 것이다. 결국에는 강제된 모델을 따르는 행위다.

니체가 말하는 어린아이의 망각이란 사회에서 요구하는 자기 자신을 망각하라는 것이다. 그렇다면 니체가 말하는 어린아이의 자기 긍정이란 스스로도 의식하지 못한 채 자신을 사랑하면서 자기 리듬에 맞춰 춤을 추는 것과 같다.

2011년 대한신경정신의학회가 '정신분열증'이란 병명을 '조현병調絃病'으로 고쳤다고 한다. 의미심장한 변화다. 조현병이란 현악기의 조율 불량처럼 조율이 잘 안 된다는 의미다. 결국 정신병은 정신이 분열된 이중인격의 모습이 아니다. 자신의 톤tone과 자기 리듬을 잃고서 타인의 리듬만 따라하다가 스스로의 스텝에 맞춰 노래하고 춤추지 못하는 상태를 말한다. 자신의 톤과 리듬을 잃는 이유는 자아 이상에 집착하여 강박증이 되거나 타인의 눈치만 보기 때문이다.

자기 리듬에 맞춰 춤을 추지 못하면 타인과 춤을 출 수 없다. 자신의 톤으로 노래하지 못하면 타인과 함께 노래할 수 없다. 자기를 사랑할 줄 모르면, 타인도 사랑할 수 없다. 그러니 살인하고 싶어 하는 40대는 자신을 압박하는 자아 이상을 먼저 살해하고 취생몽사의 술을 마신 채 타인들의 시선들을 무시하면서 건들건들 자신의 리듬에 맞춰 춤을 춰도 무방하리라.

고전 읽기

지그문트 프로이트의 〈나르시시즘에 관한 서론〉

베르나르 베르베르의 《상상력 사전》에서는 인류의 자존심을 상하게 한 사건을 설명한다. 첫 번째는 코페르니쿠스의 지동설이다. 지구가 우주의 중심이라는 믿음은 깨졌다. 우주는 무한하고 지구는 주변부다. 인간은 더욱더 왜소하다. 두 번째는 찰스 다윈의 진화론이다. 인간은 신이 만들어낸 창조물이라는 믿음이 깨졌다. 인간은 다른 생물과 마찬가지로 그저 진화 과정을 거친 동물일 뿐이다. 원숭이와는 친족 관계일 수 있다.

세 번째가 바로 지그문트 프로이트의 정신분석학이다. 인간은 이성적 동물이라는 믿음이 깨졌다. 프로이트에 따르면 인간은 이성적 존재라기보다는 리비도라는 충동에 휘둘리는 비합리적인 존재일 뿐이다.

프로이트는 정신병리적 현상은 내면의 억압 때문이라고 보았다. 왜 억압이 일어나는가? 내면적 성향의 폭력에 대해 자아는 무력하기 때문이다. 그것이 바로 충동trieb이다. 폭력을 행사하는 충동을 피할 수 없다. 그래서 억압으로 도피한다. 프로이트는 이 충동을 '인간에 대한 최고의 모욕'이라고 본다.

프로이트는 분명 인간이 날것으로 직접 대면하기 힘든 모욕적인 차원을 발견해냈다. 나르시시즘에 대한 분석 또한 그러하다. 나르시시즘은 단순히 성도착이 아니라 모든 살아 있는 생명체가 어느 정도 당연히 보유하고 있는 자기 보존 본능이라는 이기주의를 리비도가 보완해주는 것으로 설명한다.

그렇다면 프로이트의 이런 말은 주목할 만하다. "병으로 고통 받는 사람은 자신의 리비도를 자아로 집중시킨 뒤 병에서 회복되면 그 리비도를 밖으로 발산한다." 타인과의 관계에 절망하고 상처를 받았다면 다시 자신의 리비도를 자아로 집중하여 나르시시즘을 통해 회복하는 과정이 필요한지도 모른다.

정신분석학자 하인즈 코헛Heinz Kohut은 이렇게 말한다. "심리적 갈등은 최초의 것이 아니라 발달이 결여되면서 생긴 결과다. 따라서 '성숙한' 인성은 건강하고 필수적인 나르시시즘에 기반을 두고 있다. 반면, 발달에 실패하면 갈등과 분열이 일어난다."

갈등과 분열은 성숙한 인성이 발달하지 못했기 때문에 생기는 결과다. 또한 성숙함은 건강한 나르시시즘에 기반을 둔다. 때문에 남을 사랑하기 전에 자신을 먼저 사랑하라는 심리학자들의 충고는 이론적이기보다는 현실적이다.

논리적 정합성에서 나왔다기보다는 현실적 절실함에서 나왔다고 보는 것이 내 경험상 적확하다. 자신을 사랑하지 못하면 타인을 사랑하는 방식에서 뭔가 자연스럽지 못했고 어설프다. 그것은 형식적 논리의 엄밀함이 아니라 세포적 논리의 진실성이다.

나의 마음의 상태는 아무리 감추려고 해도 혹은 스스로 의식하지 못할지라도 어떤 방식으로든 타인에게 영향을 미치고 간파당한다. 그것이 미시 세포의 논리다. 미시 세포는 제어할 수 없다. 오직 미시 세포 그 자체의 자연스런 논리대로 활동하도록 방해하지 않을 수밖에 없다. 그것이 자연스럽다. 그러니 상처 때문에 징징거리지 말고 미시 세포의 충동에 솔직하게 귀 기울이며 입 닥치고 침묵하라.

一 성공했는데 왜 행복하지가 않죠 ?

우리는 성공을 이룰 수 있는 방법을 끊임없이 배우려
하지만, 평범한 일상 속에서 사람들과 함께 즐겁게
사는 방법은 배우려 하지는 않는다. 사람들과 즐겁게
잘 살고 있다고 믿기 때문이다. 사람들과 사업과
거래를 하면서도 말이다.

넷,

행복

돌보지 않으면 썩는다. 화분을 기르면서 깨닫게 된 단순 명제다. 인생도 동일하다. 어떤 것이든 사소한 영역일지라도 돌보지 않으면 썩는다. 거대한 것에서부터 사소한 것까지 그러하다. 돌보지 않으면 썩는 평범한 일상에 관한 어려움을 알게 해준 영화가 있다.

잉마르 베리만의 〈가을소나타〉. 여기에 노년의 잉그리드 버그만이 나온다. 가족을 소홀히 하고 예술만을 추구했던 엄마와 원망에 빠진 딸 사이의 갈등이 영화의 주체처럼 보인다. 나는 다른 맥락에서 이해하고 싶다. 평범한 일상과 화려한 예술 사이의 갈등이다.

딸 에바의 남편 목소리로 얘기되는 첫 장면 에바의 글은 그래서 매우 상징적이다. "삶도 배워야 한다. 그래서 매일 연습한다." 예술만이 고된 연습을 통해 최고의 경지에 이르는 것이 아니다. 평범한 일상도 고된 연습을 통해 최고의 경지에 이른다. 엄마는 예술가다. 각고의 노력 끝에 섬세한 예술가의 경지에 이르렀다. 쇼팽의 전주곡에 담긴 미묘한 감정의 변화와 차이를 매우 섬세하게 묘사하며 피아노를 연주한다. 에바는 그런 엄마의 능력과 기대에 못 미치는 자신의 예술적 능력을 혐오했던 어린 시절이 있었다.

하지만 에바는 불구자인 여동생과 자신의 아들에 대한 미묘한 감정의 변화를 섬세한 언어로 묘사하며 그들을 돌본다. 엄마는 자식들을 돌보지 않고 떠났으며 불구자인 둘째 딸이 어떤 삶과 어떤 마음을 가지고 있는지 전혀 이해하지 못한다.

그들은 모두 섬세한 감각을 가지고 있지만 그 영역이 다르다. 이러한 영화적 구도에 평범한 일상에 대한 이해가 부족한 예술가에 대한 조롱이 담겨 있다. 섬세한 예술가일지라도 구체적 일상의 삶에 대해서는 무감각하고 무능력할 수 있다. 예술가인 엄마는 불구자인 딸의 말을 알아듣지 못할 정도로 타인과의 소통에 서툴다. 게다가 자신의 이익을 챙기고 그들의 애원을 회피하며 모른 척하는 비겁과 위선이 있다.

에바는 홀로 남아 떠나버린 엄마에게 아직 늦지 않았다고 독백한다. 그리고 동생과 남편을 위해 자신의 평범한 일상으로 돌아간다. 엄마는 딸에게 고백한다. "나는 어떻게 할 줄을 몰랐다. 나에게 그 방법을 가르쳐 달라." 자신의 무능력을 늦게라도 고백하는 일은 진정성이 담긴 용기일 수 있다. 그러나 고백 이후가 문제다. 마지막 장면은 그래서 매우 눈물겹다. 엄마는 기차 속에서 자신의 삶을 후회하고 한탄하며 새로운 남자 친구에게 위로를 받고자 떠들 뿐이다. 자신이 처한 현실에 대해 아무런 행위조차 감행하지 않는 위선과 회피다.

하지만 우리가 무능력하다거나 어떻게 할지를 모른다고 고백하는 나약함이란 실제로는 어쩌면 회피이자 비겁함일 줄도 모른다는 데에 슬픔이 있다. 칸트가 "해야만 한다면 할 수 있다"고 한 말은 단지 도덕적 엄격함만을 강조하려는 것은 아니다. 그것은 분명한 인간의 진실을 말해주는 것일 수도 있다.

나약하기 때문에 하지 못할 일은 없다. 해야만 한다고 느낀다면 할 수 있는 방법과 능력은 없지 않다. 일상에서 일어나는 일들을 처리하는 능력도 사소한 능력인 듯싶지만 근육을 단련시키듯이 예술적 감수성을 훈련시키듯이 연습해야만 한다. 우린 사소한 일상에 능숙하여 예술가만큼이나 예민하고 성실한 인간의 평범한 아름다움을 잘 알지 못하게 되었다. 그러나 평범한 삶도 배워야 한다. 그래서 늦었더라도 매일 연습한다.

누구나 평범한 삶을 원하는 것 같지만 언제나 우리는 비범한 삶을 꿈꾼다. 무료無聊하다는 말이 있다. 흔히 심심하고 지루하다는 뜻으로 쓰인다. 고전 문헌에서는 흔히 무료불평無聊不平이라고 한다. 이 말은 '회재불우懷才不遇'와 관련된 말이라고 한다.

'회재불우'는 사대부가 세상을 다스릴 재주를 가졌는데도 자신의 재주를 알아주는 세상과 만나지 못했다는 뜻이다. 뜻과 능력이 있는데도 세상이 알아주지 않아 무기력과 좌절과 분노와 외로움이 쌓여 생기는 마음이 무료불평이다. 옛 사람들은 세상을 바로 잡으려는 뜻과 재주를 알아주지 않는 현실을 한탄하며 무료불평을 느꼈다지만, 세상을 바로 잡으려는 뜻과 재주조차 가지지도 못한 현대인들은 왜 무료불평을 늘어놓을까? 성공을 이룬 비범한 삶에 대한 의식과 집착 때문이다.

우리는 성공을 이룰 수 있는 방법을 끊임없이 배우려 하지만, 평범한 일상 속에서 사람들과 함께 즐겁게 사는 방법은 배우려 하지는 않는다. 사람들과 즐겁게 잘 살고 있다고 믿기 때문이다. 사람들과 사업과 거래를 하면서도 말이다.

《근사록近思錄》이라는 책이 있다. '근사近思'란 쉽게 말하자면 가까운 일들에 대한 성찰이다. 평범한 일상에 대한 성찰이다. 이 책은 성리학性理學이라고 알려진 도학道學자들의 글들을 주제별로 모았다. 이 책에 나온 한 가지 일화다. 도학의 기초를 세운 정이천程伊川, 1033~1107이란 사람이 있다. 그의 제자 사량좌謝良佐가 정이천을 오랜만에 만났다. 정이천이 사량좌에게 1년 동안 무슨 공부를 했는지 물어보았다.

사량좌는 '긍矜'이라는 한 글자를 마음속에서 없앴다고 했다. 모든 병통이 여기에 있다고 생각했기 때문이다. '긍'이란 긍심矜心을 말한다. 정이천은 머리를 끄덕이며 이 사람의 학문은 '절실하게 묻고, 가까운 일에서 생각하는 것'이라고 평가했다. 절실하게 묻는다는 것은 '절문切問'이고, 가까운 일에서 생각한다는 말이 '근사近思'다.

나는 사회적으로 성공했다, 나는 연봉이 얼마다 등등 나를 주어로 해서 타인에게 말하는 문장은 모두 긍심에서 비롯된다. 자긍심은 스스로에 대한 자존감일 수 있지만, 그것이 타인을 의식하면서 드러내는 순간 타인에게 쓸데없이 허세를 부리는 마음이 된다. 과시욕이다. 자존감이 자존심을 넘어 자긍심이 되고 자긍심이 과시욕을 넘어 오만이 될 때 타인을 무시하고 타인과 자신을 비교하게 된다. 이 무시와 비교가 불행의 단초다. 무료불평이 시작된다. 무료불평은 젊은이들에게 삶의 의욕을 추동하는 힘이 될 수 있다.

그러나 나이가 들어서 갖게 되는 무료불평은 삶을 권태와 불만으로 가득하게 한다. 비범한 삶을 살지 못한 자신을 한탄하기 시작한다. 자긍심에 가득한 사람은 '절문'과 '근사'를 하지 않는다. 무료불평만 늘어놓으면서 자기 계발에 열을 올릴 뿐이다.

"사자가 먹이를 갈구하듯이 너희들은 그렇게 앎을 갈구하는가?" 니체의 물음이다. 사자의 갈구는 자기과시나 자기 성공을위한 것이 아니다. 사자의 갈구는 배고픔이라는 간절함에서부터나온다. 《근사록》에 이런 말이 있다. 정이천의 말이다.

> 옛날에 배우는 사람이 자신을 위한 것〔爲己〕은 자신의 몸에서
> 터득하고자 한 것이고, 오늘날 배우는 사람이 남을 위한 것〔爲
> 人〕은 남이 알아주기를 바라는 것이다. 〔古之學者爲己, 欲得之於
> 己也, 今之學者爲人, 欲見知於人也〕

위인爲人은 남을 위한다고 번역되기 때문에 남을 위한 배움으로 생각된다. 그래서 타인을 위한 봉사이기 때문에 더 좋은 것처럼 느껴진다. 반면, 위기爲己는 자기를 위한다고 번역되기 때문에 자신만을 위한 배움이라고 생각된다. 그래서 이기적인 배움이라 더 나쁜 것과 같이 생각될 수 있다. 그러나 자기를 위한다는 '위기爲己'의 뜻은 이기적인 자기 계발이 아니다. 오히려 자신에게 절실한 문제를 자신의 삶 속에서 이해하고 자신의 몸에서 터득한다는 의미다. '절문'하고 '근사'한다는 의미다. '위기지학爲己之學'이며 '절기지학切己之學'이기도 하다. '절기切己'란 자신에게 절실하다는 의미다. 남을 위한다는 '위인'의 뜻은 남의 눈치를 본다는의미다.

자기의 절실切實함과 간절懇切함으로부터 앎을 갈구할 때 그것은 자기과시나 자기 성공과는 무관한 배움의 기쁨이 된다. 그러나 과시하지 않고 인정받을 필요가 없다고 해서 홀로만의 자기 도취적 배움만은 아니라는 데에 역설이 있다. 간절함이 친절親切함이 되는 역설이다.

절실切實과 간절懇切과 친절親切이라는 한자를 주목해보라. 거기에는 모두 절切이라는 글자가 있다. 친절은 친親히 절切실하게 체험해보았다는 의미다. 몸소 절실하다는 의미다. 즉 몸소 겪어보았기 때문에 절실하게 느낄 수 있다.

그것이 타인에게 친철함을 가능하게 해주는 친절심이다. 친철함은 단지 타인을 친근하고 다정하게 대하는 태도만은 아니다. 그것이 단순한 예의의 차원이 아닌 까닭은 어떤 애절哀切함과 함께하기 때문이다. 자신의 내면 깊숙한 곳에서 절실함과 간절함을 느꼈기 때문에 애절함이 되고, 그 애절함은 자신에 대한 친절심과 타인에 대한 친절함이 된다.

결국 타인에 대한 친절함은 자신의 애절함으로부터 나온 타인에 대한 공감이고, 그 공감 때문에 어찌할 수 없는 부득이한 간절함이며, 그 간절함 때문에 타인에게 친근하고 다정하게 대하려고 하는 세밀하고 예의 바른 태도다. 그래서《근사록》에서 정이천의 이러한 말은 이런 맥락에서 이해할 수 있다.

옛날의 사람들은 자신을 위해서 배웠으나 결국은 타인의 삶을 이루게 하고, 오늘날의 사람들은 남에게 보이기 위해서 배우다가 결국은 자신을 잃어버리고 만다. 〔古之學者爲己, 其終至於成物. 今之學者爲物, 其終至於喪己〕

자기를 위한 절실한 배움은 간절함과 애절함 때문에 타인에 대한 친절함이라는 효과를 낳는다. 타인을 의식하는 배움은 간절함과 애절함이 없이 긍심만을 낳고, 타인을 무시하면서 결국에는 자신을 잃게 만드는 결과를 가져온다.

| 행복과 불행의 한 끗 차이

톨스토이의 《안나 카레니나》의 첫 문장은 이렇다. "행복한 가정은 서로 닮았지만, 불행한 가정은 모두 저마다의 이유로 불행하다." 무슨 뜻일까? 대표적인 해석이 있다. '안나 카레니나 법칙'을 만든 진화생물학자 재레드 다이아몬드의 해석이다.

그는 《총·균·쇠Guns, Germs, and Steel》에서 결혼이 행복해지려면 많은 측면에서 성공적이어야 한다고 말한다. 성적인 문제, 돈 문제, 아이들 교육 문제, 종교적인 문제 등등이 모두 성공적이어야 행복하다는 뜻이다. 이 가운데 어느 하나라도 실패하면 행복에 필요한 다른 모든 것을 가지고 있더라도 실패로 끝난다.

그는 가축화의 논리를 적용하는 데 이 말을 사용한다. "가축화할 수 있는 동물은 모두 엇비슷하고, 가축화할 수 없는 동물은 가축화할 수 없는 이유가 제각기 다르다." 어떤 동물이 가축으로 키울만한 충분한 조건을 갖추고 있더라도 단 한 가지의 요소라도 어긋나면 가축할 수 없다는 말이다.

많은 사람들은 기업 경영에 이 논리를 적용하기도 한다. 기업 경영이 성공하려면 여러 가지 요소들이 모두 성공적이어야만 한다. 이 논리가 진화나 기업의 흥망성쇠를 설명하는 데에는 유용한 논리인지 모르겠다. 그러나 행복한 가정의 문제에 동일하게 적용될 수 있을지는 회의적이다. 주목할 것은 가정의 행복을 진화나 기업처럼 '성공'의 문제로 다룬다는 점이다.

이러한 논리를 간단히 요약하자면 성공의 이유를 한 가지 요소에서 찾으려 해서는 안 된다는 말이다. 어떤 일에서 성공을 거두려면 그 어떤 일과 관련된 다양한 요소를 성취해야 한다. 사소한 요소일지라도 실패하는 영역이 있다면 성공할 수 없다. 과연 그럴까? 시각의 문제다. 모든 영역에서 행복의 요소가 성공적으로 성취되어야 삶이 행복할까? 가정에서의 행복이란 행복의 요소가 모두 있어야만 하는 것은 아니다. 오히려 불행의 요소가 하나도 없다는 점이 강조되어야 한다. '있다'가 아니라 '없다'이다.

차이가 있을까? 태도의 문제다. 행복할 수 있는 모든 요소를 남김없이 성취하려는 태도와 성공 같은 것들은 의식하지 않고 불행할 수도 있는 모든 요소들을 섬세하게 돌보는 헌신적 태도의 차이다. 실패를 극복하여 행복의 요소를 성취하는 성공 신화가 아니라 일상의 주변을 둘러보며 마른 곳에 물을 주는 평범한 생활이다.

행복의 요소를 성취하는 데에 행복이 있는 것이 아니라 불행의 요소가 싹트지 않도록 돌보는 데에 행복이 있다. 돌보지 않으면 썩는다. 전자는 목적 성취적인 비범한 개인의 성공을 행복이라고 보지만, 후자는 성공이라는 목적의식이 없지만 가족 구성원들과 함께 이루는 평범한 삶을 행복이라고 본다. 전자는 스펙터클하고 후자는 무료할 수도 있다. 우리는 행복하기 위해서 무엇인가를 얻기 위해 성공하려고 노력해야만 한다고 믿는다. 행복은 큰 불행의 요소가 '없다'는 점에 주안점이 있는 것이 아니라, 추구하여 성취한 성공의 모든 요소가 '있다'는 점에 주안점을 둔다.

그럴 때 그 행복의 요소를 성취하지 못해 어떤 것이 없다면 그래서 타인들과 비교할 때 불행하다고 생각한다. 행복을 위해 모든 영역에서 성공의 능력을 발휘하는 비범한 영웅이 필요한 것은 아니다. 타인의 시선을 의식하여 사회적 성공을 과시하려는 과시욕이 불행을 만든다. 평범한 생활이 가져오는 행복을 보지 못하는 장님이 될 수 있다.

누구나 행복이 무엇인지를 묻는다. 물음의 핵심은 행복을 얻기 위한 성공의 매뉴얼이 아니다. 무엇이 있어야 할까를 묻기보다는 무엇이 없어야 할까를 묻는다면 어떨까? 좀 다르지 않을까?

평범한 일상이 고된 연습을 통해 최고의 경지에 이르기 위해서 모든 사회적 영역에서 성공해야만 하는 것은 아니다. 오히려 평범한 일상에서 일어날 수도 있는 불행의 싹을 돌보는 친절한

자기 헌신이 필요하다. 그것조차도 연습이 필요하다.《채근담》의
말이다.

진한 술, 살진 고기, 맵고 단 것은 참맛이 아니다. 참맛은 단지
담백할 뿐이다. 신통하고 기특하며 탁월하고 기이한 것은 지
극한 사람이 아니다. 지극한 사람은 다만 평범할 따름이다.〔醲
肥辛甘非眞味, 眞味只是淡. 神奇卓異非至人, 至人只是常〕

고전읽기

《근사록》

서양의 중세 시대인 12세기는 스콜라철학이 최고조로 발달한 시기다.
대표적인 저작은 토마스 아퀴나스Tomas aquinas, 1224~1274의 저작으
로 알려진《신학대전Summa Theologiae》이다. 일명 보편 논쟁은 보편
개념이 실재하는가 아니면 인간의 사고 속에만 존재하는가에 대한 가
장 핵심적인 스콜라철학의 최대 논쟁이었다. 바늘 끝에는 천사가 몇
명이 있을 수 있는지도 논했다고도 했던가. 허망하다.

이와 비슷한 시기에 중국에서 주희朱熹, 1130~1200와 친구인 여조
겸呂祖謙, 1137~1181이 펴낸《근사록》은 허망하지 않고 삶에 절실하다.
'근사近思'라는 말은《논어》에 "절실하게 묻되 가까운 것부터 생각해
나간다면, 인은 그 안에 있다〔切問而近思, 仁在其中矣〕"는 말에서 나온
것이다.

북송의 철학자 주돈이周敦頤, 정호程顥, 정이程頤, 장재張載 등의 저
서에서 발췌한 송대 성리학의 입문서라고 평할 수 있다. 이 책 안에는

송대 성리학의 주요 개념이 거의 모두 다루어지고 있지만 구체적인 일상생활 속에서 필요하고 절실한 내용들을 담았다. 추상적인 내용보다는 배움의 방법과 집안을 다스리는 일, 자신의 출처와 행위 방식의 문제로부터 다스림의 문제와 정치의 문제 등 일상생활에서 가장 중요한 일들에 대한 문제를 다루고 있다.

소설가 김훈은《근사록》을 항상 옆에다 놓고 들여다본다고 한다. 김훈은 여기에 나온 글들을 읽으면 "세상에서 까불면 안 된다는 것을 알 수가 있다"고 평한다. 아주 뻔한 얘기를 아주 뻔하게 하는 것처럼 보이지만 그것은 아주 어렵고 무서운 일들이기 때문이다.

나쁜 평가는 아니지만 나는《근사록》을 읽으면서 당시 사대부들이 가졌던 일상적 삶에 대한 경건함을 느낀다. 물론 내가 감당하면서 살아갈 수 있는 삶의 무거움은 아니다. 그러나 그 일상적 삶에 대한 경건함이 가질 수 있는 사회정치적 효과는 주목해볼 만하다.

《근사록》에서 다루는 배움은 우리 시대에서 말하는 전문 기술과는 전혀 다르다. 흔히 자기 수양이라고 말하고 있지만 단순히 개인적 인격을 도야하는 방법과 기술로 한정할 수는 없다. 이 자기 수양과 자기 배려가 가져올 수 있는 사회적 파급력이 무엇인지를 고민하려는 것이다. 그 절실하게 물으면서 가까운 일상적인 일들을 사고하는 태도에 담긴 경건함과 아름다움의 사회 정치적 의미와 가치 같은 것 말이다.

一
입맛도 없고 사는 게 시원찮아요

살맛이 없어지는 이 사회에서 요리 프로그램에
나와서 음식의 맛을 보는 모습은 어딘가 야단스럽게
호들갑이다. 이 시대는 음식을 먹는다는 것은
배고픔의 허기를 채우는 것을 넘어서 과잉의 불안을
채우는 것인지도 모른다.

다섯,
미각

| 살맛을 잃으면 미각도 잃는다

나이 든 사람이라면 더욱더 그러한데, 입맛과 살맛은 비례관계에 있다. 살맛이 나야 입맛도 있다. 나이를 먹을수록 입맛이 떨어지는 이유는 살맛이 떨어지기 때문이다. 입맛이 떨어졌을 때 살기 위해 먹는 음식이란 모래알처럼 버석하다. 세상은 요지경이다. 입맛 떨어지는 세상인데도 요즘 우리 사회의 눈에 띄는 유행은 음식과 요리다. 셰프는 삶의 질을 높이는 아티스트로 추앙되고 미묘한 음식의 맛을 평가하는 미각의 수준은 행복하고 질 높은 삶을 증거하는 징표가 된다.

'음식남녀飮食男女'로 상징되는 식욕과 성욕은 삶의 행복을 지지하고 구성하는 핵심적 요소가 됐다. 맛집을 찾아 진미를 맛보는 취미와 맛있는 음식을 만드는 요리법은 삶의 행복을 창조하는 능력이므로 반드시 배워야 할 취향과 기술이다.

〈음식남녀〉라는 영화가 있다. 영화에 나오는 화려한 요리 장면들은 압권이다. 아버지의 따뜻한 요리에서 깨닫는 가족애를 다룬 영화다. 이 영화에서 주목할 것은 주인공 주사부가 입맛을 잃었다는 데 있다. 마지막 만찬은 딸들과의 갈등 끝에 두 딸이 모두 떠나가고 마지막 남은 딸이 만든 요리를 먹는 둘 만의 저녁 식사다. 딸이 끓인 국을 먹으며 생강이 많다고 불평을 하다가 다시 한번 국물을 뜨며 '이제 맛이 느껴져'라고 말하는 주사부의 얼굴에는 생기가 돈다.

입맛을 잃었던 요리사 주사부가 다시 입맛을 찾는 과정은 노년의 고독과 딸들과의 갈등 속에서 살맛을 잃은 아버지 주사부가 새로운 반려자를 만나고 딸들과의 갈등도 해결되면서 다시 살맛을 찾아가는 과정과 정확하게 일치한다.

'초정상 자극Supernormal Stimulus'이란 것이 있다. 인간의 성적 본능을 과도하게 자극하는 포르노, 자극적인 정크 푸드와 패스트푸드, 현실보다 더 현실적인 환상을 자극하는 매체들 등 삶의 영역에서 인지 기능을 혼란시키는 것들을 말한다. 미각도 예외는 아니다. 과도한 자극들에 중독된다. 현대사회는 자극 경쟁이 부추기는 초정상 자극에 노출되어 자극과 반응의 자연스런 기능을 상실한 시대다. 중독의 시대에 진미眞味를 맛볼 수 있는 입맛도 잃어버렸다.

살맛을 잃으면 입맛도 잃는다. 그럼에도 살맛이 없어지는 이 사회에서 요리 프로그램에 나와서 음식의 맛을 보는 모습은 어딘가 야단스럽게 호들갑이다. 이 시대는 음식을 먹는다는 것은 배고픔의 허기를 채우는 것을 넘어서 과잉의 불안을 채우는 것인지도 모른다. 그럴 때 넘쳐나는 음식들 사이에는 어쩌면 역설적으로 채우지 못한 욕망의 결핍들이 감추어져 있는지도 모른다. 그것은 육체적 허기를 채우려는 욕망이 아니라 인간적 허기를 채우려는 사회적인 욕망이다. 이 은폐된 사회적 욕망의 결핍을 풍요로운 음식으로 꾸역꾸역 채우라고 부추기는 기만적 호들갑이 먹방의 실체다.

최근에는 저염식低鹽食 식사가 유행한다. 과도한 소금기를 낮춘 담백한 음식, 저칼로리의 음식, 슬로푸드, 자연 식이요법도 마찬가지다. 이것은 모두 초정상 자극에서 벗어나 자연스러운 자극과 반응 관계를 회복하려는 건강식이다. 자연스런 미각의 회복이다. 과잉의 자극들이 가져오는 역효과들을 줄이려는 노력은 단지 먹는 것에 국한되지 않는다. 이것은 하나의 징후다. 이제 모든 영역에서 인위적인 과잉의 자극과 반응보다는 자연 자체의 치유 능력을 회복하려고 한다.

| 초정상 자극이 넘치는 시대

슬픈 농담이 있다. 태양이 작열하는 사막의 낙타 이야기다. 어

느 날 새끼 낙타가 어미 낙타에게 물었다.

"엄마! 제 속눈썹은 왜 이렇게 길어요?"

"그건, 사막의 모래바람을 막기 위해서란다."

"그런데 엄마, 발바닥은 왜 이렇게 스펀지처럼 푹신푹신해요?"

"그건 사막의 모래에 빠지지 않기 위해서란다."

"등에 난 우스꽝스러운 혹들은 무엇이에요?"

"그건 먹이가 없이 사막에서 오랫동안 여행할 때를 위해 영양을 저장해놓은 거란다."

"그렇다면 엄마, 우리는 왜 사막이 아닌 동물원에 있지요?"

" ...."

어미 낙타는 아무 말도 하지 못했다. 단지 낙타만 이런 처지에 빠진 것은 아니다. 인간도 어쩌면 낙타와 같은 처지가 아닐까? 본래 가지고 있는 어떤 인간적인 기능을 비인간적인 환경에서 제대로 발휘하지 못하는 처지 말이다.

맹자孟子는 인간이 인간일 수 있는 이유는 사지四肢의 몸을 가지고 있듯이 사단四端의 마음을 가지고 있기 때문이라고 했다. 사단이란 측은지심惻隱之心, 수오지심羞惡之心, 사양지심辭讓之心, 시비지심是非之心이다. 그렇다면 맹자에게 질문을 던져보자.

"맹자님! 왜 우리는 측은지심을 가지고 있죠?"

"그것은 사람들의 고통을 느끼며 슬퍼하기 위해서다."

"그렇다면 왜 수오지심을 가지고 있죠?"

"그것은 악행을 부끄러워하기 위해서다."

"그렇다면 왜 사양지심을 가지고 있죠?"

"그것은 거절하고 양보하기 위해서다."

"그렇다면 왜 시비지심을 가지고 있죠?"

"그것은 옳고 그름을 판별하기 위해서다."

"그렇다면 맹자님, 왜 우리는 이렇게 강퍅하고 삭막한 세상에 살고 있는 건가요?"

"......"

고향을 떠나 답답한 동물원에 갇힌 낙타처럼 우리는 살맛을 잃어간다. 본래의 입맛대로 살 수 없는 것이 우리네 인생이다. 나이를 먹으면 먹을수록 현실은 그러하다. 입맛에 맞지 않는 음식도 먹어야 할 때가 있다. 비위도 좋아진다. 입맛에 맞지 않는 일도 견뎌내고, 입맛에 맞지 않은 사람 또한 관계한다.

동물원에 갇혀 나이를 먹는다는 것은 먹성과 비위가 좋아진다는 뜻인지도 모르겠다. 잡식성 동물이 되어간다. 음식을 가리지 않는다. 꼴 보기 싫은 인간들이나 역겨운 일들도 잘 견딜 수 있는 식성으로 변한다. 욕을 많이 먹어도 웃을 수 있는 나이이다. 저 태양이 작열하는 사막이 아니라 네온사인의 숨죽인 불빛이 가득한 동물원의 생리에 중독되어가는 것이다.

동물들은 자신들의 몸에 맞지 않은 음식을 먹었을 때 혀가 그 맛에 대해 즉각적으로 반응하고, 그 음식을 뱉어낸다. 몸에 독이 되는 음식은 혀의 미각을 통해서 차단된다. 그러나 인간은 이런 차단 장치가 퇴화된 것인지, 가리지 않고 모든 것을 게걸스럽게 먹는다.

나이 들어서 늘어나는 탐욕은 식색食色을 넘어 돈, 명예와 권력까지 가리지 않는다. 포식자인 것이다. 나이를 먹어가면서 우리는 진미를 맛볼 줄 아는 미각을 상실했다. 동물원에 갇혀 진미를 맛볼 기회조차도 상실하게 만드는 사회적 취향과 초정상 자극들의 범람 때문이다.

《중용》에 나오는 "먹고 마시지 않는 사람이 없건만, 능히 맛을 아는 자는 드물다〔人莫不飮食也, 鮮能知味也〕"라는 말은 단지 수사적인 과장이 아닐지도 모른다. 비록 동물원 속에서 주는 인스턴트 음식을 먹고 있지만 사막에서 기능하는 그 야생의 자연스러운 미각을 회복하고 싶은 것이다.

| 마음에도 공통적인 취향이 있다

본래적인 미각을 상실한 문제에 대해 맹자는 이렇게 말한다.

굶주린 사람은 무엇을 먹어도 달게 먹고, 목마른 사람은 무엇을 마셔도 달게 먹는다. 그러나 이것은 음식의 진미를 맛보는 것이 아니다. 굶주림과 목마름이 미각의 본성을 해쳤기 때문이다. 어찌 입과 배에만 굶주림과 목마름의 해침이 있겠는가? 사람의 마음에도 마찬가지로 이러한 해침이 있다.〔飢者甘食, 渴者甘飮. 是未得飮食之正也. 飢渴, 害之也. 豈惟口腹有飢渴之害? 人心, 亦皆有害〕

맹자는 본심의 문제를 미각에 견주어 설명한다. 진미를 맛볼 줄 아는 미각을 잃는 이유는 굶주림과 목마름이라는 최악의 상황에 처했기 때문이다. 마찬가지다. 본심을 잃은 이유는 태양이 작열하는 사막에서 살지 못하고 각박하고 메마른 동물원에 갇힌 낙타의 처지이기 때문이다.

맹자는 이렇게 상실되고 중독되기 이전의 사단으로서 본심을 강조한다. 이 본심을 설명하는 맹자의 논리가 재미있다. 중국인들이 팔진미八珍味로 손꼽는 것 가운데 곰 발바닥 요리가 있다. 일명 웅장熊掌이다. 맹자는 곰 발바닥 요리를 빗대어 설명한다. 물고기 요리도 맛있고 곰 발바닥 요리도 맛있다. 그러나 두 가지를 모두 가지지 못할 때 어떻게 할 것인가? 당연하다. 더 맛있는 곰 발바닥 요리를 선택한다. 이런 음식의 비유와 함께 논의되는 맹자의 말은 주목할 만하다.

사는 것도 내가 원하는 것이고, 의로움〔義〕 또한 내가 원하는 것이지만, 두 가지를 모두 가질 수 없다면 나는 사는 것을 포기하고 의로움을 취할 것이다. 사는 것도 내가 원하는 것이지만, 사는 것보다 더욱더 간절하게 원하는 것이 있기 때문에 나는 사는 것을 구차스럽게 얻으려고 하지 않는다. 죽는 것도 내가 싫어하는 것이지만, 죽는 것보다 더욱더 끔찍하게 싫어하는 것이 있기 때문에 나는 죽음의 환난을 구차스럽게 피하지 않을 것이다. 〔生, 亦我所欲也, 義, 亦我所欲也, 二者不可得兼, 舍生而取義者也. 生亦我所欲, 所欲有甚於生者, 故不爲苟得也. 死亦我所惡, 所惡有甚於死者, 故患有所不辟也〕

이것은 단지 상징적 비유가 아니다. 맹자에게서 의로움은 인간에게 하기 싫은 것을 강제적으로 강요하는 당위적 의무가 아니다. 물고기보다 더 맛있는 곰 발바닥 요리를 택하는 것이 당연한 생물학적 미각의 선택이듯이, 구차스럽게 사는 것보다 더 감동적인 의로움을 선택하는 것 또한 생물학적 취향의 결과라고 봐야 한다.

맹자에게서 사단四端은 맛 가운데 맛, 쾌락 가운데 쾌락인 생물학적 미각이다. 입, 귀, 눈과 같은 감각에는 사람들에게 동일한 취향이 있듯이 마음에도 동일한 취향이 있다. 공통적인 취향이 있는 것이다. 모든 사람들의 마음이 가진 공통적인 취향은 맛있는 고기 요리가 입맛을 기쁘게 하는 것과 마찬가지로 우리의 마음을 기쁘게 해준다.

칸트의 《판단력 비판》은 주로 미학과 관련해서 논의된다. 여기서 가장 중요하게 다루는 개념이 '게슈막Geschmack'이다. 흔히 취향이나 취미로 번역한다. 그러나 이 '게슈막'이라는 독일어의 가장 기초적인 의미는 바로 맛과 미각이다. 영어 '테이스트taste'도 취향이지만 가장 기초적인 의미는 바로 맛과 미각이다.

칸트는 개인의 주관적 취향이 보편성을 가질 수 있다고 한다. 취향은 주관적인 경험적 사실이지만, 어떤 대상을 아름답다고 말하는 취미판단Geschmacksurteil은 보편성을 가질 수 있다고 했다. 그것이 가능한 이유는 사람들이 공통감sensus communis을 가지고 있기 때문이다.

칸트가 말하는 공통감을 정치적으로 해석한 사람이 한나 아렌트다. 공통감은 곧 '상식common sense'이 된다. 한나 아렌트는 《칸트 정치철학 강의》에서 상식을 이렇게 말한다.

> 칸트에 따르면 상식은 사적 감각과 구별되는 공동체 감각 community sense, 즉 공통감이다. 이 공통감은 판단이 모든 사람들 속에서 호소의 대상이 되게 하는 것으로, 이렇게 가능하게 되는 호소 때문에 판단은 특별한 타당성을 갖게 된다.

아렌트가 해석한 공통감은 단지 개인적 차원의 미학적 감각이 아니다. 모든 사람들에게 호소하고 감동할 수 있는 공동체 감각이다. 공통감에 기초한 판단은 모든 사람들에게 호소력을 가질 수 있고, 호소력을 넘어 동감과 지지를 얻을 때는 특별한 타당성을 지닌 정치적 의미를 가진다.

맹자가 말하는 사단도 단지 개인적 차원의 도덕적 능력이 아니다. 모든 사람들이 함께 맛보아 감동할 수 있는 공동체 감각으로서 정치적 의미를 가지고 있다. 팔다리라는 사지四肢가 제대로 기능하지 않은 몸을 우리는 불구나 장애라고 칭한다.

마찬가지가 아닐까? 인의예지仁義禮智라는 사단이 제대로 기능하지 않는 마음을 불구나 장애라고 할 수 있다. 맹자가 말하는 사단이란 몸이 가지고 있는 생물학적인 공통감이다. 사단이라는 도덕성은 몸의 세포가 원하는 살맛이다. 우리는 동물원이라는 각박한 사회 속에서 초정상 자극에 길들여 생물학적 공통감을 상실하게 된 것은 아닐지. 살맛의 미각을 잃은 것이다.

현대 서양철학의 위대한 발견은 바로 몸이다. 몸의 가치를 발견한 사람은 니체다. 천상의 천국이 아닌 강건한 몸과 대지에 충실하라는 니체의 명령은 현대사회에 실현되었다. 현대사회에서 몸의 쾌락은 행복의 핵심 요소다. 그러나 초정상 자극에 중독된 몸의 쾌락들이 과연 니체가 말한 대지에 충실한 것이고, 몸의 욕망에 정직한 일이었던가! 고작 이러한 쾌락을 누리려고 우리는 끝끝내 피를 흘리며 살아남아 여기까지 왔을까?

니체는 잡식성 동물처럼 가련한 안락의 맛을 풍요롭게 즐길 정도로 둔감하지는 않다. 니체의 입맛은 까다롭다.

이것저것 가리지 않고, 매사에 맛있어 하는, 그런 만족. 이것이 최선의 취향은 아니다! 나는 '나', '그렇다' 그리고 '아니다'를 말할 줄 아는 반항적이며 까다로운 혀와 위장을 높이 평가한다. 이것저것 가리지 않고 온갖 것을 씹어 소화하는 것은 돼지나 하는 일이다!

— 니체, 《차라투스트라는 이렇게 말했다》 중에서

동물원에서 던져주는 초정상 자극에 쩌들어 먹성과 비위가 좋아진 중년들은 역겨운 음식들조차 꾸역꾸역 먹어대는 돼지가 되어가고 있는 것인지도 모른다. 그럴진대 나는 '나'라 하고, 그렇다와 아니다를 말할 줄 아는 까다로운 혀와 위장이 가진 본래적인 미각을 회복할 때, 미각味覺은 공동체 감각으로서 미각美覺이된다. 나이 들어서 회복해야 할 것은 초정상 자극에 길들인 미각味覺가 아니라 살맛나는 미각美覺이다.

《맹자》

《맹자》를 그리 즐겨 읽지는 않는다. 맹자와 같은 강직한 스타일이나 과도한 이상주의적 태도를 선호하지 않기 때문이 아니다. 현실적 기득권을 강고하게 포기하지 않으면서도 자신의 도덕을 정당화하려는 위선이나 고상한 이상을 떠들면서도 현실적 문제에 무기력한 무능력을 혐오하기 때문이다. 현실에서는 이상하게도 교활한 현실주의자나 무능력한 이상주의자들이 맹자를 들먹인다.

맹자를 평가하는 말이 있다. 우활迂闊하다는 말이다. '우활하다'는 말은 사전적으로 "사리에 어둡고 세상 물정을 잘 모른다"는 뜻이다. 이 우활하다는 말의 어원은 《사기》〈맹자순경열전〉에 나온다. 거기서 맹자를 "그의 말이 현실과 거리가 멀고, 당시 상황에 맞지 않는다고 생각하였다(見以爲迂遠而闊於事情)"라고 평한다.

당시에는 군사 전략가이며 현실주의자들인 상앙商鞅이나 오기 혹은 합종연횡을 펼치며 정치와 외교에 뛰어났던 소진과 장의를 등용하여 부국강병을 꾀하던 시대였다. 이런 시대에 맹자의 말들은 돈키호테와 같았을 것이다.

그러나 북송 시대의 정이천이라는 사람이 내린 평가는 이와는 다르다. "역易을 아는 사람 가운데 맹자보다 나은 사람은 없다(知易者, 莫若孟子)." 역易이란 《주역》을 의미한다. 《주역》의 핵심은 현실이 돌아가는 시세를 알고 때를 아는 것이다. 정이천의 평가에 따른다면 맹자는 세상 물정 모르는 서생만은 아니었다.

분명 맹자는 이상주의자로 평가할 수 있다. 그렇다면 맹자가 말한 이상은 현실과 동떨어진 허무맹랑한 이상이 아니라 현실에 기반한 이상이 아니었을까? 현실을 몰랐거나 현실을 외면한 것이 아니라 현실을 너무나도 잘 알고 있었기에 현실 속에서 실현가능한 구체적이면서도 현실적인 방안이었던 것인지도 모른다. 다만 사람들이 그것을 우활하다고 평가했을 뿐.

역사는 무모한 이상주의자보다는 교활한 현실주의자들이 이끌어가는 것일까? 맹자의 바람과는 달리 진시황에 의해서 천하는 통일되

었다. 통일의 기반을 마련한 사람은 현실주의자였던 상앙과 이사李斯
였다. 그러나 천하가 통일되었다고 해서 민중들의 삶에 평화와 안정
이 찾아왔던 것 같지는 않다. 여전히 민중들의 삶은 피폐하다.

맹자가 말하는 우활한 왕도王道 정치가 이 시대에 어떤 의미가 있
을 것인지.《맹자》를 즐겨 읽지 않는 나는 답할 순 없다. 그러나 뻔뻔한
비굴과 아첨이 횡행하는 이 시대에 "칼로 사람을 죽이는 것과 잘못된
정치로 죽이는 것 사이에 차이가 있습니까?" "하필 왜 이로움을 말하
십니까. 인과 의가 있을 뿐입니다"라고 그 어떤 것에도 굴하지 않고 왕
에게 간언했던 맹자의 강직한 호연지기가 아쉬운 것은 비단 나만의 바
람은 아닐 것이다.

4장

인생의 오후에
찾아야 할 것

—
공감 능력이 떨어지는 것 같아요

나이 들어 오래 살다보면 부당한 처사에 익숙해져서
무감각해진다. 부당한 처사로 인한 상처도 쉽게
잊으며 예사로운 일로 치부한다. 물론 마음은
편하겠지만 어찌 보면 둔해진다는 것을 의미한다.
둔해진 만큼 세상일에 예민하게 반응하는 감수성이
무뎌졌다는 것을 의미한다. 예민한 감수성을 잃은
만큼 현실적인 편의를 취할 수 있겠지만 그것은
서글픈 일이다.

하나,

무감각

| 삶의 촉수를 잃어버리다

어느 것이나 양면이 있다. 나이를 먹어서 좋은 것도 있고 슬
픈 것도 있다. 좋은 것은? 뇌에 주름이 생겨서 약간의 지혜를 얻
은 것이다. 슬픈 것은? 얼굴에 주름이 생겨서 약간의 짜증을 얻
은 것이다. 그렇다면 슬픈 것 같기도 하고 좋은 것 같기도 한 것
은 있을까?

있다. 굳은살이 생긴다는 점이다. 굳은살은 참 묘한 자연적 현
상이다. 유명한 발레리나나 축구 선수들은 오랜 시간의 훈련을
통해 특정 부위의 굳은살이 생겨난다. 굳은살은 집중된 열정과
치열한 외로움이 누적된 훈련의 결과다. 그래서 굳은살에는 외로
움과 더불어 어떤 집요함과 아픔이 묻어 있다.

예술가나 운동선수만이 굳은살이 생기는 것은 아니다. 나이를 먹어가면서 생기는 굳은살은 단지 육체적인 현상만은 아니다. 마음의 상처에도 굳은살이 박이는 것은 같은 원리인지도 모른다. 예술가나 운동선수들의 굳은살과는 달리 나이를 먹어가면서 마음속에 박인 굳은살에는 서글픔이 있다.

굳은살은 반복적인 마찰에 저항하면서 생겨난다. 반복적인 마찰이 피부의 보호막을 파괴하기 때문에 굳은살을 생성해 파괴의 아픔을 견디게 한다. 자동차 타이어는 마모되어도 굳은살이 생겨나지 않는다. 그러나 인간 생명은 마모만 되지 않고 마모의 물리적 법칙을 거스르면서 굳은살을 만들어 마모의 상처를 견디게 한다.

굳은살은 딱딱하게 무감각해진다. 이 굳은살은 운동선수가 오랜 시간의 훈련을 통해 연마한 노련함과 같은 것이지만, 동시에 감각이 둔해진 효과이기도 하다. 특정 부위에 무감각한 굳은살이 박이면 특정 분야에서 노련한 능력을 발휘할 수 있다.

하지만 그 이면도 있다. 노련함이란 오랫동안 훈련을 쌓아 능숙하다는 말이지만, 그 이면에서 어떤 치열한 외로움이 쌓여서 둔감해진 무감각의 효과일 수 있다. 그것은 습관이 만들어놓은 익숙해진 무관심일 수도 있다. 이 익숙해진 무관심은 아픔을 견딘 외로운 결과다.

사람들이 오해하는 것이 있다. 노숙자는 수치심이 마비된 무감각한 사람이기 때문에 염치없고 더럽게 생활한다고 생각한다.

천만에. 그렇지 않다. 사고가 전도되었다. 무감각한 인간이기 때문에 염치없고 더럽게 생활하는 것이 아니라, 수치심에 예민하기 때문에 더럽고 염치없는 무감각한 인간이 되어버린 것이다.

노숙자들은 자신의 실패와 사람들의 시선에 너무나도 민감하게 반응하기 때문에, 이미 초라하게 바닥에 떨어진 자신을 남에게 보이기가 부끄럽다. 그 민감한 수치심 때문에 수치스런 자신을 아무도 알아보지 못하도록, 그래서 자신조차 알아보지 못하도록 더러움과 염치없음에 자신을 숨긴다. 그것은 마비된 무감각이 원인이 아니라 예민한 수치심의 과잉이 가져온 결과다.

그렇게 본다면 무감각한 것은 자본주의 사회에서 실패한 노숙자路宿者들이 아니라 오히려 자본주의 사회에서 요행으로 성공해 자본에 기생하는 기숙자寄宿者들이다. 기숙자들은 자신의 성공을 요행이 아니라 자신의 능력에 의한 것이라고 착각하고, 노숙자들을 무능력한 실패자로 혐오하면서 노숙자들의 고통에 무감각하다.

나이가 먹으면서 늘어나는 발바닥과 손바닥의 굳은살들을 바라보며 이 무감각을 통해 어떤 측면에서는 편해졌겠지만, 생각해보면 그건 어쩌면 다른 곳의 감각이 둔해지고 있는 증거인지도 모른다. 그것은 뭔가 아름다움 같으면서도 서글픈 일이다.

서글픈 굳은살처럼 무감각에는 이중적인 의미가 있다. 무감각에 대해서 말한 철학자가 있다. 스토아학파의 에픽테토스 Epictetus, 55~135이다. 에픽테토스는 헬레니즘 시대 대표적인 철학자다. 그는 노예 출신이었으나 황제보다 더 자유로운 삶을 살았다고 평가받는다. 그에게는 상징적인 일화가 있다.

에픽테토스는 절름발이였다. 절름발이가 된 이유가 있다. 하루는 주인 에파프로디토스가 그의 다리를 비틀었다. 에픽테토스가 웃으면서 말했다. "주인님! 그렇게 계속 비틀면 다리가 부러집니다." 주인은 화가 나서 다리를 더욱 비틀었다. 그러자 다리가 딱 부러졌다. 에픽테토스가 웃으면서 태연자약하게 말했다. "거 보십시오. 계속 비틀면 다리가 부러진다고 하지 않았습니까?" 이 정도면 태연자약이 아니라 자포자기적인 초탈이다. 이 일화가 사실은 아니겠지만 에픽테토스 철학의 핵심을 과장하면서도 우스꽝스럽게 상징한다.

외적인 고통에 대처하는 두 가지 극단적인 태도가 있다. 고통을 너무나도 아파하고 두려워해서 정신을 차리지 못하는 경우다. 사람들은 흔히 이런 감정적 요동과 혼미한 정신 때문에 불안하다. 마음의 평정을 잃은 것이다.

다른 하나의 태도는 이 외적인 고통에 대해서 무감각해지는 것이다. 에픽테토스의 이 일화는 냉정한 무감각을 보여준다. 외부 세계에 휘둘리지 않고 태연자약하게 무감각할 때 고통으로부터 자유로울 수 있다.

스토아학파가 추구한 이상적인 인간은 현인sophos이다. 스토아적인 현인은 완벽한 지식을 가지고 자연의 원리에 따라 사는 삶을 추구한다. 감정적인 격정인 파토스pathos에 휘둘리지 않고서, 자연의 원리인 로고스logos를 따라 사는 삶이다.

아파테이아apatheia란 말이 있다. 아파테이아의 문자적 의미는 아a라는 부정사와 감정이라는 파토스가 결합된 말이기 때문에 파토스가 없는 상태를 의미한다. 흔히 부동심不動心으로 번역하지만, 무감정이나 무정념이다. 무감각이라고 번역하기도 한다.

파토스란 현대 영어의 패션passion과 관련된 말이지만 본래적 의미는 '겪는다'는 뜻이다. 어떤 일을 수동적으로 겪게 된다는 말이다. 수동적이라는 말이 중요하다. 슬픔을 느낀다는 것은 슬픔을 수동적으로 겪는다는 것이고, 사랑이나 울분에 빠진다는 것도 수동적으로 그러한 감정을 겪는 것이다.

그러므로 아파테이아는 외부의 사물에 의해서 촉발된 감정들에 수동적으로 휘둘리지 않는 것을 의미한다. 마음의 요동들과 감정들, 특히 고통, 공포, 욕망, 쾌락과 같은 정념에서 완전히 해방된 상태를 말한다. '수동적 겪음으로부터의 자유'를 의미한다.

수동적인 겪음으로부터의 자유란 마음의 요동과 감정들에 휘둘리지 않는다는 것을 의미한다. 에픽테토스에게서 행복이란 곧 자유를 의미한다. 자유란 정치적 의미라기보다는 오히려 개인적인 행복에 가깝다. 그렇다면 왜 마음의 불안이 요동치는 것일까?

잘못된 판단과 믿음이 늘어가는 나이

에픽테토스는 노예적인 것과 자유로운 것을 구별한다. 그의 잠언집인 《엥케이리디온Encheiridion》의 첫장에서 우리들의 재량에 달려 있는 것과 달려 있지 않은 것들을 논한다. 우리들의 재량에 달려 있는 것은 '믿음, 충동, 욕구, 혐오'다. 우리들의 재량에 달려 있지 않은 것은 '육체, 소유물, 평판, 지위'다.

우리들의 재량에 달려 있다는 것은 우리의 재량으로 어찌 할 수 있는 영역이란 말이다. 우리는 쓸데없는 걱정, 헛된 욕망, 여러 가지 감정적 요동 때문에 마음이 심란하고 불행하다. 에픽테토스가 지적하는 핵심은 우리가 겪고 있는 걱정, 욕망, 고통, 공포, 쾌락 등 여러 가지 착각이나 감정적 요동이 사실은 명확하지 않다는 점이다. 왜 명확하지 않을까? 거기에는 판단 혹은 믿음이 개입되어 있기 때문이다.

사람들을 심란하게 하는 것은 그 일들 자체가 아니라, 그 일들에 관한 믿음dogmata이다.

—《엥케이리디온》중에서

예를 들면 죽음 그 자체는 좋은 것도 나쁜 것도 아닌 중립적인 것인데 죽음에 대한 인간의 판단 혹은 믿음이 죽음을 두렵게 만든다. 에픽테토스적인 용어로 표현한다면 이러한 감정적인 요동을 일으키는 것은 라틴어로 판타시아fantasia다. 환상을 의미하는 현대 영어의 판타지fantasy의 어원이지만, 에픽테토스에게서 판타시아는 외적인 대상이나 상황에 대한 인상 혹은 표상을 의미한다.

우리의 재량으로 어찌할 수 있는 영역이란 바로 믿음, 충동, 욕구, 혐오 등을 일으키는 인상 혹은 표상을 검토하는 일이다. 그것이 자연의 원리에 따라 일어난 것인지 아니면 어떤 착각에 불과한 것인지를 검토하는 일이다. 이 검토의 과정에 자유가 있다. 표상이 진짜인지 아닌지를 '동의synkatathesis'하는 과정이다. 동의는 표상이 대상과 일치하는가를 긍정하거나 부정하는 선택의 판단이다.

'자라 보고 놀란 가슴 솥뚜껑 보고 놀란다'는 말이 있다. 이 놀람은 자라라는 실제 대상을 표상한 결과라기보다는 자라 보고 놀랐던 기억의 의식이 개입된 놀람이다. 솥뚜껑을 자라라고 표상한 것이 판타시아다. 인상 착오다. 실제와 표상이 일치하지 않은 허상이다.

이러한 인상을 의심하지 않고 액면 그대로 받아들였기 때문에 놀람이라는 감정적 휘둘림이 생기고, 그것에 의해서 공포에 떤다. 이런 놀람이 바로 파토스에 휘둘리는 것이며 자유롭지 못한 것이다.

반면에 기억의 의식이 개입된 잘못된 놀람이라는 판단을 하는 것이 바로 '동의'다. 동의는 외부로부터 주어지는 것이 아니라 자신의 판단과 선택에 의해서 이루어진다. 그래서 에픽테토스에게서 아파테이아란 '인상들의 올바른 사용'에 달려 있고, 그것이 나에게 달려 있는 것이다. 인상들의 올바른 사용을 통해 자유가 가능하다.

> 너 자신의 것은 무엇인가? 외적 인상들의 사용이다. 그러므로 네가 외적 인상들의 사용에서 자연(본성)에 따라 처신할 때 바로 그 상황에서 너는 우쭐댈 수 있을 것이다.
>
> —《엥케이리디온》중에서

외적인 인상들의 사용이란 바로 외적인 인상들이 착오인지 아닌지에 대해서 동의하는 선택이다. 그러므로 아파테이아, 즉 무감각이란 감각이 마비되거나 감각이 전혀 없는 것이 아니다. 이러한 잘못된 인상이나 표상에 휘둘려서 일어난 수동적인 감각이나 감정이 없는 마음의 평온 상태다.

| 매일 연회에 참석하는 기분으로

나이 들어 오래 살다보면 부당한 처사에 익숙해져서 무감각해진다. 부당한 처사로 인한 상처도 쉽게 잊으며 예사로운 일로 치부한다. 물론 마음은 편하겠지만 어찌 보면 둔해진다는 것을 의미한다. 둔해진 만큼 세상일에 예민하게 반응하는 감수성이 무뎌졌다는 것을 의미한다. 예민한 감수성을 잃은 만큼 현실적인 편의를 취할 수 있겠지만 그것은 서글픈 일이다.

에픽테토스가 말하는 무감각은 이런 둔감한 마비가 아니다. 세상일에 무관심한 체념과는 다른 태도다. 그것은 자신이 가지고 있는 검토되거나 동의되지 않은 믿음들을 내려놓는 것을 의미한다. 집착과 편견을 버리고 사물 그 자체의 원리에 자신을 내맡긴다는 의미에서 내려놓음이다.

이것은 포기나 단념이 아니다. 수동적으로 내려놓으면 내려놓을수록 더 능동적이며 개방적이 된다는 뜻이다. 이런 맥락에서 이해한다면 에픽테토스가 말하는 무감각은 역설적으로 세상일에 무감각해진다는 것이 아니라 세상일에 대해서 더 예민해지는 것이다.

아파테이아라는 무감각을 통해 마음의 평정인 아타락시아 ataraxia가 가능하다. 마음의 평정을 통해서 자유롭게 된다. 무감각은 발레리나나 축구 선수들이 오랜 시간의 훈련을 통해 특정 부위에 생겨난 굳은살과 같은 것인지도 모른다. 하지만 그 무감각을 통해 자연의 본성을 따르는 자유가 가능하다.

> 이것은 무감각apatheia을 사기 위해서 치러야 할 그만한 값이고, 이것은 마음의 평정ataraxia을 사기 위해서 치러야 할 값이다. 값을 치르지 않고서는 아무것도 얻을 수 없다.
>
> —《엥케이리디온》중에서

그렇다면 우리는 마음의 평정을 위해서 매일 운동선수처럼 자기 내면을 굳은살이 박인 근육으로 바꾸는 훈련을 해야 한다는 말이기도 하다. 마음의 평정이란 오랜 기간 훈련을 쌓아 능숙해진 노련함이며 어떤 치열한 외로움이 쌓여서 익숙해진 담담함이지만, 이 담담함 때문에 자유로워진다.

에픽테토스가 말하는 삶의 처세에 귀 기울여보자. "너는 연회에 참석하고 있는 것처럼 살아가야만 한다는 것을 기억하라. 무언가가 돌아다니다가 너의 자리에 올 때, 손을 뻗어서 적절한 몫을 취하라. 그것이 지나갔는가? 붙들지 마라. 아직 오지 않았는가? 그것을 향해서 너의 욕구를 내놓지 마라. 하지만 너의 자리에 올 때까지 기다려라."

오지 않은 것에 욕심을 부리며 일희일비하지 말라. 다만 운명이 가져다준 적절한 몫을 취하라. 초연하게 섣부른 기대와 집착도 버리고 헛된 욕심에 휘둘리지도 말라는 이 처세. 운명에 대해 태연자약하는 마음의 평정이다. 하지만 여기에는 함정이 있다.

자연이 벌인 연회에서 주어지는 몫에 대해서는 이러한 태도를 가질 수 있지만, 사회가 벌인 연회에서 주어지는 몫에 대해서도 이러한 운명적 태도를 가진다면? 그것은 비겁한 숙명주의 혹은 정치적 보수주의로 빠질 수도 있다. 에픽테토스가 말하는 처세는 자연의 영역과 사회의 영역을 혼동할 수도 있다.

자연이 가져다준 몫의 불평등은 어찌할 수 없는 일이다. 그렇다고 하여 사회의 불평등까지도 그러한 논리로 용인될 수는 없다. 합당한 대가와 몫이 돌아오지 않는 정의롭지 못한 사회 속에서 그것이 올 때까지 기다리는 것은 어리석음이며 비겁이다.

분노하지 않고 기다리기만 할 때 기득권과 권력을 움켜쥔 자들은 그들의 몫을 챙기며 향유할 뿐이다. 그러니 먼저 연회를 베푸는 주체가 누구이며 합당한 몫을 분배하는 방식이 어떠한가를 물어야 한다. 아직 축제의 연회는 끝나지 않았다. 오래 살아내었던 중년이라면 개인적인 편견과 감정의 휘둘림에 무감각해지되 사회적으로 정당한 몫에 대해서 예민해야 할 때다.

고전 읽기 **에픽테토스의 《엥케이리디온》**

누구나 행복을 원한다. 그러나 우리는 행복을 원한다고 하지만 행복한 상태가 되는 것은 원하지 않는다. 행복을 갈망하는 욕망의 상태로 영원히 남고 싶어 한다. 정작 행복을 갈망하는 욕망이 무엇인지조차 의식하지 못한 채.

우리는 고통과 사랑과 희생과 절제를 통해서만이 성취되는 행복을 감당할 수 있을 만큼 강하지 못하다. 우리는 행복을 희망하는 지금의 현 상태가 별 탈 없이 계속 유지되기만을 바랄 뿐이지. 행복을 욕망하는 현 상태에서 행복의 상태로 도약하려고 하지 않는다.

욕구할 수 있는 것을 욕구하고 욕구할 수 없는 것은 욕구해서는 안 된다. 혐오해야 하는 것을 혐오하고 혐오하지 않아야 할 것은 혐오해서는 안 된다. 문제는 욕망할 만한 것과 혐오할 만한 것을 분별하는 능력이다. 욕구할 만한 것을 욕구하지 않고 혐오할 만한 것을 혐오하지 않을 때 혹은 욕구할 수 없는 것을 욕구하고 혐오할 수 없는 것을 혐오할 때 우리는 불행하다. 에픽테토스는 이렇게 말한다.

"욕구의 소망은 욕구하는 것을 얻는 것이지만, 혐오의 소망은 회피하고자 하는 것에 빠지지 않는 것임을 기억하라. 또 욕구하는 것을 얻지 못하는 사람은 불운하지만, 회피하고자 하는 것에 빠지는 사람은 불행하다. 그러므로 만일 네가 너에게 속하는 것들 중에서 자연에 어긋나는 것들만을 회피한다면, 너는 네가 회피한 것들에 결코 빠지지 않을 것이다. 그러나 질병 혹은 죽음 혹은 가난을 회피하려고 한다면, 너는 불행하게 될 것이다."

에픽테토스가 강조하는 것은 자연physis을 따르는 것이다. 자연을 따른다는 것은 중국적 사고로 순리順理다. 이치를 따르는 것이다. 이런 의미에서 순리대로 살라는 말은 단지 수동적인 현실 순응적인 태도가 아니다. 거기에는 자연의 이치에 대한 앎을 전제로 한다.

그런 점에서 행복은 행복을 갈망하는 욕망에 집착하는 것 자체에 있지 않다. 자연의 이치를 파악하는 지성과 그것을 따르는 능력에 있다. 원하는 것이 어떤 것인지도 모른 채 자신이 원하는 것만을 보려고 하고 원하는 것만을 가지려고 할 때 인간은 불행하다. 에픽테토스의 이런 충고는 숙고할 만하다.

"세상에서 일어나는 일들이 네가 바라는 대로 일어나기를 요구하지 말고, 오히려 일어나는 일들이 실제로 일어나는 대로 일어나기를 바라라. 그러면 모든 것이 잘되어 갈 것이다."

— 세상이 너무 빨리 변해가요

나이를 먹어갈수록 이상이 실현 가능하지 않다고
쉽게 포기하는 경우가 많다. 그러나 실현 불가능하기
때문에 이상이지 실현 가능하다면 이상이 아니다.
뱀처럼 교활하되 불가능한 것을 바라는 독수리처럼
긍지 높은 이상을 버려서는 안 된다.

둘,

균형감

| 왜 화장실에서 문을 잠글까?

화장실이야말로 가장 이데올로기적인 문제를 감추고 있는 인간의 공간이다. 지젝은 여러 차례 이점을 지적했다. 프랑스 변기는 용변을 보자마자 스위치를 누를 필요도 없이 신속하게 구멍으로 빠져나간다. 혁명적이다. 독일은 물도 없는 변기에 변이 빠져나가지 않고 그대로 있다. 냄새가 지독하다. 성찰과 반성을 하게 한다. 관념적이다. 미국에선 변이 물 위에 둥둥 떠 있다. 스위치를 눌러야 내려간다. 실용주의적이다.

그러나 지젝의 생각과는 달리 더 근본적으로 화장실이야말로 가장 형이상학적 문제가 감추어진 공간이다. 《참을 수 없는 존재의 가벼움》으로 유명한 밀란 쿤데라는 참으로 독특한 질문을 던진다. "신도 똥을 쌀까?" 똥과 신은 양립할 수 없다.

그렇다면 둘 중 하나다. 인간은 신의 모습에 따라 창조되었고 따라서 신도 창자를 지녔거나, 아니면 신은 창자를 지니지 않았고 인간도 신을 닮지 않았거나. 똥은 가장 심각한 신학적 문제다. 골칫거리다.

그래서 밀란 쿤데라는 이런 질문을 던진다. 인간은 왜 화장실에서 문을 꼭 잠글까? 이 질문은 물론 서양 사람들을 향한 질문이다. 밀란 쿤데라는 이것을 서양의 낭만주의와 연결해서 설명하는데, 나는 이 질문의 답을 중국을 여행하면서 깨달았다.

중국의 화장실에 가본 일이 있는가? 중국 화장실에서는 문을 잠글 일이 없다. 잠글 수가 없기 때문이다. 문이 없다. 아니, 문이 필요 없다. 중국 사람들은 화장실에 들어가서 문을 잠그려고 하지 않기 때문이다. 문을 잠그는 것이 이상한 것이다. 왜 그럴까? 다시 왜 인간은 화장실에서 문을 잠그는가를 물을 필요가 있다. 벌거벗은 몸이 창피해서? 성기가 노출되어서?

아니다. 그렇지 않다. 성기가 노출되는 것이 창피한 것이라면 목욕탕 가는 것조차 꺼려야 한다. 그러니, 성기가 노출되는 것이 부끄러운 것이 아니라, 똥 누는 그 자체가 부끄러운 것이다. 그것이 남에게 알려지는 것이 창피할 뿐 아니라 두렵기까지 한 것이다. 중국 문화는 똥 누는 것을 창피하게 생각하지 않는다.

현대의 수세식 화장실은 자신이 똥을 눈다는 사실 자체를 망각한 채, 모든 것을 깨끗하게 처리하고 가뿐하게 나와서 사람들에게 똥을 싸고 나왔다는 사실을 들키지 않을 수 있는 건축학적 구조를 지니고 있다.

그래서 현대의 수세식 화장실은 신의 모습에 따라 창조되어 인간이 똥을 누지 않는다고 착각할 수 있도록 만든, 신학적 명제를 실현한 건축물이다. 똥을 누지 않는 인간이라고 생각하는 착각이 서양의 낭만주의 시대의 핵심이다.

똥을 누지 않는다고 착각하는 인간이란 똥을 눌 수밖에 없는 현실을 외면하려는 인간에 대한 은유일 뿐이다. 똥을 누지 않는 신적인 환상에 갇혀 자신이 똥을 누고 있다는 인간적 현실 자체를 회피한다. 결국 그것은 자신의 환상에 갇힌 채 결벽증을 가진 미성숙한 사람에 관한 이야기다.

똥은 무서워서 피하는 것이 아니라, 더러워서 피한다고? 이 말처럼 잘못 전파된 말은 없다. 실은 무서워하면서 더럽다고 자기합리화를 하는 것이다. 인생에 똥은 지천으로 깔려 있다. 똥은 피할 수 없다. 똥은 피해야 하는 것이 아니라 직면해서 관리해야 하는 것이다.

| 진흙탕 속에서 연꽃 피워내기

나이를 먹어가면서 과도해지는 것은 두 가지 방향이다. 한편으로 불가능한 이상을 잃고 과도하게 현실적 계산만을 밝힌다. 교활한 속셈이 는다. 한편으로는 더러운 현실을 혐오하고 과도하

게 자신의 이상적 신념을 고집한다. 순진한 고집이 는다.

교활한 사람은 현실적 방법을 총동원해서 자신의 이익을 꾀한다. 그래서 신뢰를 저버리고 배반하면서 파렴치를 일삼는다. 하지만, 순진함의 고집스러움은 변화하는 현실을 무시한다. 그래서 현실적인 절차와 방법을 무시하고 분노하거나 초조하다.

과도하게 이상을 고집하면 똥을 더러워하면서 자신의 손에 똥을 묻히려 들지 않고, 이상을 잃는다면 똥 속에 파묻힌다. 똥 속에 파묻혀 냄새를 풍기는 것도 추하지만 똥을 묻히려 하지 않는 고결함도 추하긴 매한가지다.

전국시대에 굴원屈原이라는 사람이 있었다. 추잡한 정치 현실에서 왕따를 당하며 치욕을 맛본 인물이다. 결국 멱라수汨羅水에 몸을 던져 자결했다. 굴원이 지은 〈이소離騷〉라는 시에서 그는 스스로를 이렇게 묘사한다. "모든 세상 더러운데 나 홀로 맑고, 모든 사람 취했는데 나 홀로 깨어 있소. 그래서 쫓겨난 것이라오〔擧世皆濁, 我獨淸, 衆人皆醉, 我獨醒, 是以見放〕."

어쩌란 말인가? 세상이 더럽다고 자신의 고결함을 고집하고, 모든 사람이 술에 취했는데 자신의 명징만을 옳다하면서 차라리 이 모든 것을 거부하고 죽겠다고 한다면, 세상의 더러움과 술 취한 혼란은 그대로일 뿐이다.

세상이 더러우면 더러운 곳을 청소해야 하고, 술에 취했다면 술 취한 사람을 욕할 것이 아니라 술이 깰 수 있도록 해야 한다. 기다려야 한다. 차라리 이런 굴원에게 향한 어부의 충고가 옳다.

"창랑滄浪의 물 맑으면 내 갓끈 빨고 창랑의 물 흐리면 내 발 씻으리(滄浪之水淸兮, 何以濯吾纓, 滄浪之水濁兮, 何以濯吾足)." 자신의 옳음과 고결도 시대적 상황에 필요한 방식으로 변통해야 효과를 거둔다.

흔히 "화장실을 치우려면 손에 똥을 묻혀야 한다"고 한다. 화장실의 똥과 같은 현실에 사는 사람들의 고뇌와 아픔을 겪어보지도 않았으면서 고결한 당위만을 강요하려는 낭만적인 태도는 어린아이의 투정만큼이나 안쓰럽다.

사람은 두 부류로 나눌 수 있다. 결을 아는 사람과 결을 모르는 사람. 모든 현실적 사물에는 결이 있다. 결을 따라 사물을 다루면 쉽게 다룰 수 있지만 결을 거슬러 사물을 다루면 힘들다. 똥에도 물론 결이 있다.

결을 알지 못하면서 이상만 고집하는 사람은 이상을 실현시키려는 현실적인 타협을 혐오하면서 자신의 고결성을 증명하려고만 한다. 현실적인 결을 이해하려고 애쓰지도 않으면서 타협을 변절이라고 비난한다. 어린아이는 결을 알지 못한다. 조급하게 자신의 욕구를 채우려고 보챈다.

철부지란 말이 있다. 철부지란 사리事理를 분간하지 못하는 어린아이를 말한다. 어원적으로 본다면 철부지란 절부지節不知다. 절부지란 절節을 모른다는 의미다. 절節의 기본적인 의미는 대나무의 마디이다. 어떤 사물이건 어떤 일이건 마디와 결이 있게 마련이다. 마디를 거치고 결을 따르는 것이 순리다.

철부지는 이 똥이 가득한 현실의 결을 모르는 사람이다. 철부지는 단지 어린아이만 해당하는 것이 아니다. 나이를 많이 먹었다고 해서 사물의 결을 예민하게 느끼는 것은 아니다. 순수도 더러움을 알아야 하지만, 더러움 속에서도 순수를 잃지 말아야 한다. 진흙탕 속에서 놀 줄도 알아야 한다. 성숙한 사람은 진흙탕 속에서 살기를 원하면서 동시에 진흙탕 속에서도 연꽃을 피워낼 줄 안다.

| 뱀처럼 교활하되 독수리처럼…

똥은 더러워서 피하는 것이 아니라 무서워서 피하는 것이다. 무서움은 복잡한 현실에 대한 두려움과 그 현실을 감당하지 못하는 자신에 대한 수치가 감춰져 있다. 자신의 두려움과 수치를 더럽다는 비도덕적 언사로 회피하는 것이다.

현실적으로 영리한 사람은 순수한 사람을 도덕적으로 대해주는 듯하지만, 실은 그의 순진한 어리석음을 간파하고 이용하여 영리하게 자신의 이득을 얻는다. 순수한 사람은 현실적으로 영리한 사람을 증오한다. 현실적인 영리함이 비도덕적이기 때문에 증오한다고 하지만, 그것은 전도된 주장이다.

비도덕적이기 때문에 증오하는 것이 아니라 자신의 순수한 도덕성이 실패한 모욕과 이용당한 자신이 느끼는 수치와 원한 때문에 증오한다. 자신이 영리하지 못했던 무능력을 인정하고 싶지 않기 때문에 증오한다. 자신의 무능력을 감추기 위해서 타인의 능력을 비도덕적이라고 규정한다.

때문에 영리함과 순수함은 대립된 것이 아니라 모순된 채 하나로 결합되어야 할 덕목이다. 니체의 차라투스트라에게는 사랑하는 동물이 있다. 독수리에게 뱀 한 마리가 매달려 있다. 이 뱀은 독수리의 먹이가 아니라 벗이다. 하늘을 나는 독수리와 땅을 기는 뱀이 하나로 합쳐진 기괴한 동물이다.

> 나는 더욱더 영리해지고 싶다. 나의 뱀처럼 철저히 영리하고 싶다. 그러나 불가능한 것을 나는 바라고 있다. 그러므로 나의 긍지가 항시 영리함과 더불어 나아가기를 나는 바란다.
>
> — 니체,《차라투스트라는 이렇게 말했다》중에서

왜 독수리인가? 독수리는 불가능한 것을 바라는 드높은 이상의 순수한 긍지다. 더불어 불가능한 것을 바라는 긍지가 상처받지 않기 위해서 뱀처럼 영리해지기를 간절히 바란다. 땅의 지형을 맨몸으로 기어 다니는 뱀처럼 현실적 조건에 민감해야 한다.

나이를 먹어갈수록 이상이 실현 가능하지 않다고 쉽게 포기하는 경우가 많다. 그러나 실현 불가능하기 때문에 이상이지 실현 가능하다면 이상이 아니다. 뱀처럼 교활하되 불가능한 것을 바라는 독수리처럼 긍지 높은 이상을 버려서는 안 된다.

《주역周易》〈계사전〉에는 다음과 같은 말이 있다.

앎은 드높이 숭고하지만 그것의 실천은 지극히 낮게 겸손하
다. 숭고한 앎의 높이는 하늘을 본받아야 하고 겸손한 실천의
낮음은 땅을 본받아야 한다. 이 하늘과 땅이 제자리를 잡으면
변화들이 그 가운데에서 행해진다.〔知崇禮卑, 崇效天, 卑法地, 天
地設位, 而易行乎其中矣〕

여기에도 묘한 대비가 있다. 하늘은 드높이 푸르지만, 땅은 온
갖 지형지물로 가득하고 울퉁불퉁하다. 순수한 이상만을 좇는다
면 오만이 되기 쉽고, 현실에만 집착한다면 교활한 이기심으로
변질되기 마련이다. 긍지 높은 이상이 현실에서 실현되기 위해서
는 울퉁불퉁한 땅을 기어가는 영리함이 요구된다.

《주역》은 '변화의 책The Book of Change'이다. 모든 것은 변한다.
끊임없이 변화하는 시공간 속에서 지향해야 할 방향을 잃지 않
으면서 견뎌나가는 능력이 변통의 능력이다. 《주역》이 강조하는
것은 그래서 변화하는 때와 형세에 대한 파악이다. 시時와 세勢를
알지 못하면 변통을 할 수 없다. 문제는 땅에 처박히지도 않고 하
늘로 너무 높이 올라가지도 않는 균형 감각이다.

| 우아하고 세련된 중년의 여유 찾기

인생을 흔히 활쏘기에 비유한다. 인생의 목적이라는 과녁에
화살을 적중시키는 것이라고 생각하기 때문이다. 적중的中이란

과녁에 화살을 정확하게 맞히는 것을 말한다. 그러나 인생의 과녁은 한곳에 공간적으로 고정된 것이 아니다.

오히려 시간의 흐름과 변화 속에서 유동한다. 고정된 과녁이 아니라 유동하는 과녁이다. 유동하기 때문에 움직이는 공간과 시간의 조건과 변화 그리고 바람의 세력과 타이밍을 맞춰야 한다. 적중이란 중도中道의 실현이다. 《주역》에서 말하는 균형 감각은 중도中道다. 시중時中이라고도 한다.

군대에서 배운 게 있다면 잘하지도 말고 못하지도 말고 그저 중간만 하면서 무탈하게 제대하라는 충고다. 잘하면 잘한다고 이것저것 시켜서 귀찮고, 못하면 못한다고 이리저리 욕만 먹는다. 잘하지도 말고 못하지도 말고 중간을 지키면서 제대까지 아무 일 없이 버텨라. 이것은 중도中道가 아니라 기회주의적 현실 추수주의이며 무사안일주의다.

중도란 이것과 저것 사이의 중간을 지키는 것이 아니다. 상황에 가장 적절하고 합당한 행위 혹은 '시의적절한 행위'다. 너무 늦지도 빠르지도 않고, 너무 과하지도 부족하지도 않는 순간이다. 때를 고려하고 때에 맞는 행위다. 자신이 서 있는 시공간적 좌표 위치와 조건을 파악하고 나아갈 방향을 판단해 적절한 타이밍에 행동하는 것이다.

중도는 때에 맞는 현실적 태도이지만 옳다고 생각하는 이상을 버리지 않는다는 점에서 기회주의와는 다르다. 적합한 행위와 옳은 행위를 구별할 필요가 있다. 이상적 원칙을 지키는 행위는 옳은 행위다.

그러나 현실에서는 반드시 그렇지는 않다. 현실에 적합한 행위가 있기 때문이다. 현실에 적합하게 이상적 원칙을 지키는 행위는 옳은 행위이지만 현실을 고려하지 않고 이상적 원칙만 고집하는 것은 적합한 행위가 아니다. 정도正道는 중요하지만 중도中道가 더 힘든 법이다.

《주역》에 대한 대표적인 의리역학義理易學자인 정이천은 이렇게 말한다.

중도中道는 반드시 정도正道가 아닌 경우는 없지만 정도를 지켰다고 반드시 중도를 이루는 것은 아니다. (中則無不正, 正未必中)

균형이란 현실적 힘의 균형이다. 힘의 관계에는 항시 강자와 약자가 있다. 양자가 놓인 조건을 파악하고 힘의 균형을 맞추어야 하겠지만 이 일에 실패하면 약자의 편에 서는 것이 중도일 수 있다. 중도를 지키는 균형 감각이란 살 떨리는 현실 속에서 이루어진다. 비틀거려야 균형을 잡을 수 있다.

순진무구한 결벽성은 똥을 손에 묻히기 싫어하는 무감각이다. 냉혹한 현실에 대처할 수 있는 냉정한 판단과 임기응변의 능력이 결여된 것이다. 현실에는 더러운 것들이 없을 수가 없다. 살 떨리는 흔들림이 없는 균형이란, 균형이 아니라 안정된 고집이고, 미동이 없는 안락이다. 무심한 회피다.

우린 이기심이나 탐욕 때문에 타인에게 상처를 주기도 하지만, 고집과 경솔함 때문에 상처를 주기도 한다. 그럴 때 더 미묘하고 정교한 현실 판단과 배려가 필요하다. 중년의 우아하고 세련된 여유는 여기서 나오는 것인지도 모른다.

고전
읽기

《주역周易》

많은 청춘 남녀들이 궁합을 보러 점占집을 찾아간다. 궁합宮合이란 별자리와 관련된다. 원래 점이란 동서양을 막론하고 별자리와 관련이 있다. 점성술Astrology은 천체에 대한 관심과 지식을 전제로 하며 현대 과학으로서 천문학astronomy과 밀접하게 관련된다. 영어에서 공통적으로 들어간 '애스트로우astro'라는 말이 바로 별과 관련된 말이다.

우리는 왜 점집을 찾아 나서는 것일까? 불확실한 미래에 길잡이가 될 수 있는 어떤 지향점을 알고 싶기 때문일 것이다. 어두운 밤길과 바닷길을 가본 자라면 아주 미세한 별빛일지라도 운명의 길잡이가 되기에는 족하다. 어두운 밤의 뱃길에 별빛은 '지향점으로서의 방향'이다.

《주역》도 점과 관련된 문헌이다. 그것이 천문학과 관련하여 유사 과학을 형성한다. 많은 사람들이《주역》의 위대성을 이런 신비한 우주의 원리가 담긴 문헌이라고 서양의 현대 과학적 성과를 들먹이면서 칭송한다.

하지만《주역》의 원리가 제 아무리 신비하다고 할지라도 우주 운행의 원리를 이해하고자 하는 마음이 간절하다면,《주역》을 신줏단지처럼 모시는 점술가들에게는 미안한 말이지만 서양의 현대 과학을 엄밀하게 공부하는 것이 정확하고 빠른 길이다.

나는 《주역》을 그렇게 해석하지 않는다. 단도직입적으로 말하자면 그림과 시詩의 양식으로 표현된 삶의 이야기가 담겨 있는 문헌으로 해석한다. 어떤 이야기인가? 권력 관계 속에서 이루어지는 사람들 간의 세력 다툼이다.

음과 양의 세력들이 길항하는 권력의 장이며 '애증 게임'이 벌어지는 무대다. 무대의 배경은 조야朝野로 이루어지는데 권력의 중심인 조정朝廷으로서 조朝와 권력의 변방인 광야廣野 혹은 민간民間으로서의 야野다.

등장인물은? 군주와 신하 그리고 광야를 떠도는 사대부들과 그들과 함께하는 백성들이다. 관객이면서 동시에 심판은? 하늘이다. 이들이 하늘 아래 땅에서 벌이는 게임은 권력을 중심으로 한 애증의 소용돌이며 정치 세력이 흥망성쇠와 굴신왕래屈伸往來를 거듭하는 변화의 장이다. 그 속에서 우리는 의미를 느끼며 그들이 가진 의향과 의도와 의지를 독해해낼 수 있다. 때문에 《주역》이라는 문헌은 시적 상상력과 서사적 상상력을 동원해 독해해야 할 문헌이다.

一
울
화
통
이
터
져
미
치
겠
어
요

갱년기 우울증에 감춰진 화병에는 부당한 피해에
대한 울화가 억눌려 있다. 화는 다른 감정과는
달리 격렬한 공격성과 앙갚음의 집착이 있다.
화火는 화禍를 불러온다. 화火는 불이라는 에너지다.
화는 억눌러야 하는 것이 아니다. 화火가 화禍를
불러오지 않기 위해서는 화라는 에너지가 적절하게
발출되어야 한다.

셋,

애증愛憎

| 울화鬱火, 갱년기 우울증의 원인

 따뜻한 마음이란 자신의 나약함을 포장하려는 위장술일 수도
있다. 중년의 어느 날 무기력증과 함께 찾아오는 원인을 알 수 없
는 병이 있다. 갱년기 우울증. 호르몬 변화에 따른 중년기의 일시
적 현상이라 넘기려 해도 쉽게 치유되지 않는다. 육체적 현상만
이 아니라 화병이기 때문이다.

 심리학자들은 중년기의 화병을 착한 사람 콤플렉스와 연결해
설명한다. 모나게 살지 않고 타인을 배려하여 누구도 미워하지
않았던 사람이었지만, 우울과 무기력증을 피할 수 없다. 착한 사
람처럼 보이고자 노력하려다가 오히려 억압된 자아가 문제였던
것이다.

억울한 일을 당해도 혼자서 인내하거나 모른 척 넘어가는 태도가 관용이라는 미덕으로 치부될 수는 없다. 이러한 태도는 미덕이 아니라 솔직한 감정을 참고 사는 것일 뿐이다. 문제는 참는 태도 속에 울화鬱火가 감춰져 있다는 점이다.

화병 혹은 울화병은 우울증과는 구별된다. 화병은 한국 특유의 문화적 배경과 관련된다고 진단하기도 한다. 주변 환경으로부터 오는 스트레스가 주된 원인이지만 감정을 직설적으로 표현하는 것을 용납하지 않는 한국의 위계질서적이고 가부장적인 사회에서 발생하는 정신질환이기 때문이다.

화병은 그래서 화를 내지 못하는 한국 사람들만이 걸리는 정신질환이다. 근본적으로는 한국만의 독특한 정情 문화가 원인일 수도 있다. 정이란 참 애매하다. 정을 나눈다는 말도 독특한 이중성이 있다. 거기엔 은혜에 대한 감사가 있지만, 배신에 대한 원한도 감춰 있기 때문이다. 은혜와 원한의 이해관계가 숨어 있다.

한국인 특유의 정 문화가 하나의 능력으로 평가되는 것이 인맥이다. 현대사회는 인맥이 재산이기 때문에 인맥 관리가 능력이 되는 시대다. 인맥이란 말은 묘하다. 좋게 말하면 신뢰와 정에 근거한 인간관계이지만 부정적으로 표현하면 패거리 문화고 이해관계의 거래며 자신을 옭아매는 덫이기도 하다.

사람들은 인맥을 쌓기 위해 자기 계발서나 처세술에 관한 책들을 찾아서 고시 공부하듯이 공부한다. 처세서들을 대충 훑어보면 마지막 결론은 하나다. 찍히지 마라, 개기지 마라, 미운털 박히지 마라, 적을 만들지 말고 모두를 사랑하라는 긍정적 마인드다.

　이 모두를 실천하려면 울화를 참을 수밖에 없다. 사람들로부터 미움과 손해를 받을지도 모른다는 두려움 때문이다. 울화를 참는다고 해서 인간관계가 순조로워지는 것은 아니다. 인간의 심리를 냉소적으로 폭로하기로 유명한 발타자르 그라시안의 말이다.

　너무 마음이 좋아서 조악한 사람이 되지 마라. 그런 사람은 결코 화를 낼 줄 모른다. 이는 타성에서 오는 것이 아니라, 무능력에서 오는 것이다. 적당한 때에 감응하는 것은 바로 자신을 드러내는 것이다. 새들도 허수아비를 조롱할 줄 안다.

─《세상을 보는 지혜》중에서

　마음이 좋다는 것은 순수하고 착하다는 말이기도 하지만, 달리 표현하면 화낼 줄 모르는 바보라는 말이다. 세상 물정 모르는 순수함이란 어리석음이기도 하다. 어리석은 사람은 화를 낼 줄 모르고 화를 낼 줄 모르는 사람은 조롱당하기 십상이다.

　미움을 받을지도 모른다는 두려움 때문에 조악한 사람이 된다면 돌아오는 것은 어쩌면 조롱일지도 모른다. 사람들은 아부를 싫어하지는 않지만 아첨꾼은 싫어한다. 이해관계 때문에 아부하는 아첨꾼이 어떤 인간인지를 모를 정도로 사람들은 어리석지 않다.

| 미움받을 용기

《논어》에는 착한 사람 콤플렉스를 강요하는 듯한 말이 나온다. 나이 먹어 미움을 받아서는 안 된다고 충고한다.

나이가 40세가 되어서 남의 미움을 받으면 그는 그대로 끝일 뿐이다. (年四十而見惡焉, 其終也已)

전통적인 해석에 따르면 40세면 덕을 이룰 나이인데, 사람들의 미움을 받는 것은 문제가 있다는 말이다. 왜 40세가 되어 사람들의 미움을 받으면 인생이 끝인가? 사람들의 미움을 받았다고 해서 도덕적인 하자가 있는 것은 아니다.

공자는 향원鄕原을 덕의 도적이라고 증오했다. 향원은 근엄한 척하는 도덕주의자들을 말한다. 세속의 사람들과 영합하고 잘 보이기 위해 위선을 떨기 때문이다. 겨우 마흔이 되어 세속 사람들의 미움을 받지 않고 칭송을 받는다면, 그것은 사이비 도덕주의자이거나 향원일 수도 있다. 향원을 증오했던 공자가 40세가 되어도 미움을 받으면 인생 끝이라는 말을 할 까닭이 없다.

그렇다면 이 말을 어떻게 이해해야 할까? 제나라 경공景公이 공자가 마음에 들어서 니계尼谿의 제후로 봉해주려고 했던 적이 있다. 그러나 안영晏嬰의 반대에 부딪혀 뜻을 이루지 못했다. 공자와 그 제자들은 너무 고집이 세고 융통성이 없어 현실에 맞지 않는다고 안영이 판단했기 때문이다.

이 말은 바로 이때 공자가 한 말이라는 해석이 있다. 뜻을 펼칠 수 있는 기회를 안영의 반대로 이루지 못했기 때문에 공자 자신이 스스로 탄식한 말이다. 공자는 자신이 존경했던 안영이 자신을 이렇게 미워했다는 사실에 좌절과 분노에 빠졌을까?

아니다. 안영의 냉정한 평가를 통해 자신의 한계를 깨닫고 새로운 각오와 희망을 가지고 새로운 출발을 결심했을 것이다. 그러므로 공자의 이 말은 완전히 다르게 해석되어야 한다. 원문에서 방점의 위치를 바꾸면 의미는 확연히 다를 수 있다.

40세가 될 무렵 미움을 받았으나, 어찌 이것이 이대로 끝일뿐이겠는가! (年四十而見惡, 焉其終也已!)

미움을 받는 것은 문제가 아니다. 미움을 받았다고 해서 인생 끝이라고 생각하는 것이 더욱더 문제다. 미움을 받는 것을 두려워하지 않아야 할 뿐 아니라 부당한 일을 미워하는 것도 두려워하지 말아야 한다.

물론 미움은 언제나 미움을 낳는다. 그렇다고 해서 미움을 감추어야 할까? 에너지보존법칙이라는 것이 있다. 에너지는 사라지지 않는다. 다만 장소를 움직여 다른 곳에서 작동한다. 마찬가지다. 미움도 에너지다. 스스로 타인에 대한 미움을 속으로 감내할 때 그 미움의 방향은 가해자인 타인에게서 자신에게로 향하거나 또 다른 약자인 타인에게로 향할 뿐이다.

은닉죄라는 것이 있다. 죄를 범한 사람을 몰래 숨겨주는 범죄다. 그렇다면 부당한 피해를 당했을 때 느끼는 미움을 남몰래 감추거나 힘들게 감당하여 세상 사람들이 그 부당함을 알지 못하도록 숨긴다면? 그것도 은닉죄가 성립되지 않을까? 그러므로 미움을 온전히 혼자서 감내하는 것을 무죄라고 할 순 없다.

| 부당함에 대한 분별력이 중요하다

갱년기 우울증에 감춰진 화병에는 부당한 피해에 대한 울화가 억눌려 있다. 화는 다른 감정과는 달리 격렬한 공격성과 앙갚음의 집착이 있다. 화火는 화禍를 불러온다. 화火는 불이라는 에너지다. 화는 억눌려야 하는 것이 아니다. 화火가 화禍를 불러오지 않기 위해서는 화라는 에너지가 적절하게 발출되어야 한다.

어떤 이가 공자에게 "원한이 있는 사람에게 덕을 베풀어서 보답하는 것이 어떠하냐?"고 물었다. 원수를 사랑하라는 말과 같다. 공자는 이렇게 말했다.

그렇게 보답한다면, 나에게 은덕을 베푼 사람은 어떻게 보답하겠는가? 원한이 있는 사람에게는 직直으로 보답하고, 나에게 은혜를 베푼 사람에게는 은덕으로 보답해야 한다. 〔何以報德? 以直報怨, 以德報德〕

—《논어》중에서

나에게 부당한 피해를 준 원수를 사랑하는 일은 공자에게 납득되지 않는 일이다. '인간적인 너무나도 인간적'이지 못한 행위이기 때문이다. 인간의 진실한 감정에 어긋나는 작위적인 행위다. 원한이 맺힌 원수에게 은혜와 사랑으로써 보답하는 것은 신적인 행위인지는 몰라도 인간적인 보답이 아니다.

그렇다면 공자가 말한 '직直'으로 보답한다는 것은 무엇을 의미할까? 솔직하고 정직하게 자신의 감정을 직설적으로 드러내야 한다는 말일까? 원한을 준 사람에게 앙갚음의 복수를 해야 한다는 말일까?

'직'으로 보답한다는 것은 앙갚음의 복수는 아니다. 원한의 감정을 숨김없이 드러낸다는 것이 반드시 솔직한 것은 아니다. 화를 잘 낸다고 해서 정직한 것도 아니다. 솔직도 정직도 아니라 오히려 분별없는 행위일 수도 있다. 미워하고 화를 내는 것 자체가 중요한 것이 아니다. 무엇을 미워하고 무엇에 화가 나는지를 분별하는 일이 더 중요하다.

화에는 진짜 화와 가짜 화가 있다. 진짜 화는 화낼 만한 일이나 대상에 내는 것이다. 화낼 만한 일이나 대상에게 화를 내는 것은 화를 내는 것이 아니라, 그에 적합한 벌이나 보상을 해주는 일이다. 그것은 하나의 질책과 같다. 그것의 핵심은 보복이나 앙갚음이 아니다. 부당함의 개선이다.

가짜 화가 문제다. 가짜 화는 실제로 부당한 일을 당하지 않았는데도 부당한 일을 당했다는 막연한 느낌과 앙갚음을 해야겠다는 어떤 욕망에 사로잡혀 화를 내는 경우다. 이러한 가짜 화는 자신의 허약함과 과민함에서 나온다. 화를 통해 자신의 무기력함과 지친 마음을 드러내는 일일 뿐이다.

화는 타인을 해하고자 하는 이유 없는 공격성일 수는 없다. 부당한 피해를 준 사람을 미워하는 이유는 그 부당성에 있다. 불의를 미워하고 불의에 분노하는 일은 불의에 앙갚음하고자 하는 것이 아니라, 부당함을 분별하고 개선하려는 것이다.

솔직하고 정직하게 미워할지라도 부당함에 대한 분별력을 갖지 못한다면 자신의 나약함을 드러내는 조급함일 뿐이다. 오히려 화밖에 낼 줄 모르는 무능한 떼쟁이로 취급된다. 공자는 '직直'에 대해서 이렇게 덧붙인다.

솔직하더라도 무례하다면 야박하다.〔直而無禮則絞〕

솔직하더라도 무례無禮하지 않아야 한다. 무례하지 않아야 한다는 말은 미워하는 상대일지라도 최소한의 에티켓을 지키면서 매너 있게 대하라는 말이 아니다. 예禮는 별別이라는 말이 있다. 구별이고 분별이 예의 본질이다. 예禮를 갖추라는 말은 부당함에 대한 분별력을 가지라는 말로 이해되어야 한다. 예를 갖추고 합당함을 따지면서 부당성을 드러내야 조롱당하지 않는다.

공자는 40세를 불혹不惑이라 했다. 어떤 일에도 미혹되지 않고 유혹에도 넘어가지 않는 도덕적인 인간이 되라는 말로 들린다. 이 말을 모든 사람들을 사랑하는 완전한 인격이 되라는 말로 이해한다면 순진한 생각이다.

40세에 완전한 덕을 이룬다는 것도 어렵지만, 덕을 이룬 사람이라고 해서 모든 사람들을 사랑할 수도 없을 뿐더러, 모든 사람들에게 미움을 받지 않는다는 것도 불가능하다. 모든 사람들에게 사랑을 받는 것은 아름다운 일인 줄도 모른다. 하지만 이는 어쩌면 기회주의적이고 타협적이고 비굴하며 줏대가 없는 태도를 말하는 것은 아닐까?

공자는 자공이 마을 사람 모두가 좋아하는 사람이 어떠냐는 질문에 좋은 사람이 아니라고 했다. 또 마을 사람 모두가 미워하는 사람은 어떠냐는 질문에 좋은 사람이 아니라고 했다. 그러고는 이렇게 대답했다. "마을의 좋은 사람이 좋아하고, 마을의 좋지 않은 사람들이 미워하는 사람만 같지 못하다〔不如鄕人之善者好之, 其不善者惡之〕."

모든 사람들에게 미움을 받는 것은 물론 모든 사람들에게 사랑을 받는 것도 문제다. 불혹의 40세는 아무에게도 미움을 받지 않고 모든 사람들이 좋아하는 도덕군자를 의미하지 않는다. 40세가 불혹인 이유는 미워할 만한 일을 미워하고 좋아할 만한 일을 좋아하기 때문이다. 그것이 미혹되지 않는 것이다.

그렇기 때문에 좋은 사람이 좋아하고 좋지 않은 사람이 미워할 수도 있다. 이런 맥락에서 나는 다음과 같은 공자의 말을 좋아한다.

> 오직 인자仁者만이 사람을 좋아할 수 있고 사람을 미워할 수 있다.〔唯仁者, 能好人, 能惡人〕

'오직'이라는 말이 강조되어야 한다. 오직 인자만이 그러하므로, 거꾸로 인자가 아닌 사람들은 진실로 사랑하거나 미워할 수 없다는 말이기도 하다. 인자가 아닌 우리들은 어떻게 사랑하거나 미워하는가? 자기를 좋아하는 사람만을 좋아하고, 자기를 싫어하는 사람들은 싫어한다. 자기에게 이득이 되는 사람을 좋아하고, 해가 되는 사람을 미워한다.

인자란 자신의 사사로운 감정과 이해 관계없이 사랑할 만한 사람을 사랑하고 미워할 만한 사람을 미워할 수 있는 사람이다. 여기엔 인간에 대한 믿음과 합리적이고 합당한 것에 대한 분별이 깔려 있다.

인간에 대한 믿음과 합당함에 대한 분별이 무례하지 않은 애증愛憎이다. 진정한 사랑일지라고 무례하게 표현될 때, 상대는 오히려 폭력으로 오해할 수도 있고, 진정한 미움일지라도 무례하지 않게 표현될 때, 상대는 사랑이 넘치는 깨달음의 기회로 받아들일 수 있다.

예禮란 단지 겉치레의 외적인 형식만을 의미하지는 않는다. 예란 리理다. 합리적인 이치가 표현된 형식이다. 합리적인 마음의 표현이 예禮다. 자신에게 예의를 표한 사람에게 무례를 행하는 것도 상대에 대한 무례한 일이지만 자신에게 무례를 행한 사람에게 위선적인 예의를 표하는 것도 상대에 대한 무례이긴 마찬가지다.

억눌린 울화를 해소하는 길은 솔직하게 직설적으로 가짜 화를 분출하는 것이 아니라 분별력을 가지고 진짜 화를 합리적인 방식으로 드러내는 일이다. 40세가 불혹인 이유는 모든 사람을 사랑하는 도덕적 인간이기 때문이 아니라 불의를 미워하고 정의를 사랑하는 분별력을 갖추었기 때문이 아닐까?

고 전
읽 기

《논어論語》

독은 치명적이다. 그러나 어떤 경우에는 독은 약이 될 수도 있다. 때문에 모든 독은 해롭다는 보편적 명제는 현실적이지 않다. 삶이 복잡해질수록 보편성은 허약해진다. 보편성은 가상으로 설정된 폭력으로서 현실적으로 기능한다. 권력은 이것을 부추긴다.

《논어》는 권력적이지 않다. 어떠한 명제도 보편적 추상적 인류를 상대로 보편적인 정의를 내리려고 시도하지 않는다. 인仁에 대한 답변도 제자들이 질문한 의도와 제자들의 성격이나 능력에 따라 다양하게 구체적으로 정의하려고 했지 보편적인 정의를 내리려 하지는 않았다.

보편적이지 않기 때문에 《논어》는 독해하기 어려운 문헌이다. 인간과 삶의 미세한 결들이 층층이 감춰져 있기 때문에 섬세한 감수성으로 곱씹어 음미해야 할 문헌이다. 그러나 감춰진 미세한 결들을 읽어내기에는 문맥이 잘 연결이 되지 않고 맥락이 이해되지 않는 경우가 많다. 수많은 주석서가 나오게 될 수밖에 없다.

그런 점에서 《논어》에 나온 공자의 말만 추상적 진리의 말씀인 양 전전긍긍 신봉하는 일만큼 고리타분한 일은 없다. 《논어》의 주인공은 공자가 아니다. 공자와 함께하는 제자들과 사람들이 모두 주인공이다. 사람들과 함께 나눈 대화와 삶 자체가 주인공이다.

그러므로 주목해야 할 것은 공자 자체의 말이 아니라 공자의 말이 나오게 된 사람들의 성격과 질문의 의도와 그러한 질문을 하게 된 삶의 맥락들이다. 그러한 배경적 맥락 속에서 공자의 말은 겨우 지금 이 현실에서 간신히 맥을 잡을 수 있다.

《논어》는 권력적이지 않다. 때문에 권력적으로 해석될 수도 없다. 권력적으로 해석한 보편적 정의를 인간에게 도덕이라는 이름으로 강요할 수 없다. 정이천은 《논어》를 이렇게 평가한다.

"지금 사람들은 책을 읽을 줄 모른다. 예를 들면 《논어》를 읽었을 때에, 읽기 전에도 이러한 사람이요, 다 읽고 난 뒤에도 또 다만 이러한 사람이라면 이것은 곧 읽지 않은 것이다."〔今人, 不會讀書. 如讀論語, 未讀時, 是此等人, 讀了後, 又只是此等人, 便是不曾讀〕

《논어》를 읽고 난 후의 가장 위대한 효과는 자신의 변화다. 변화하게 된 속사정과 변화된 뒤의 모습은 사람들마다 각자의 사연이 있다. 사연에 따라 처방된 약은 다를 수 있다. 어떠한 경우에 약이 될 수도 있는 치명적인 독과도 같은 것이다.

一 눈물이 많아져요

나이를 먹었다고 삶을 음미하려는 애늙은이가
되기 전에 전열을 가다듬고 다시금 싸워봄 직하다.
싸우되 좀 우아하게. 물어야 할 것은 싸움 자체에
대한 도덕적 정당성이 아니다. 싸움이 불가피하다면
어떻게 싸워야 할 것인가에 대한 방법론적인
도덕성을 물어야 한다. 비열하지 않은 우아한 싸움의
기술에 대한 물음이다.

넷,

싸움

| 아무리 어려운 일이라도 쉬운 것처럼

카무플라주camouflage라는 패션 스타일이 있다. 군대를 갔다 온 남자라면 잘 알 것이다. 카무플라주 스타일은 군인들의 전투복에서 아이디어를 가져온 패션이기 때문이다. 카무플라주란 원래 위장을 의미한다. 군복은 기본적으로 위장복이다. 위장이란 단지 전쟁의 기술에만 적용되는 것이 아니다. 자연에도 위장술이 발달되어 있다. 동물뿐만이 아니라 곤충과 식물도 위장술이 대단히 발달했다.

위장이란 자신을 보호하거나 먹이를 공격하기 위한 모방 행위만은 아니다. 카무플라주의 특성은 주변 상황에 자신을 맞추는 은폐술이면서 동시에 기만술이다. 카무플라주가 자연의 영역에만 있는 것은 아니다.

전쟁의 영역과 예술의 영역에서도 카무플라주는 중요한 표현 기술이다. 피카소는 예술을 이렇게 정의한다. "진리를, 적어도 인간으로서 깨달을 수 있는 진리를 파악하도록 가르쳐주는 일종의 거짓말이다." 예술은 아름다운 거짓말이다. 진실은 더욱더 진실처럼 보이게 만드는 거짓이 필요하기도 하다.

삶의 영역에서도 카무플라주는 유효하다. 인간은 이성적 동물이 아니다. 속이는 동물이다. 일명 호모 팔락스homo fallax다. 기만은 인간이 진화하는 데에 유리한 수단이었다. 거짓과 위장에 능숙한 사람은 생존하고, 착하기만 하고 정직한 사람은 먹히기 쉽다. 세상은 그다지 아름답지만은 않다.

인간은 속이는 동물이지만 속이는 인간을 혐오하는 동물이다. 속내를 알 수 없는 음흉한 사람과 거짓을 일삼아 신뢰할 수 없는 사람을 좋아하지 않는 것은 당연하다. 어쩌면 속이는 인간을 혐오하면서도 속이는 동물인 우리가 물어야 할 것은 위장의 위선성이 아니라 위장의 윤리성인지도 모른다.

17세기 이탈리아 음악가들은 감동적인 연주를 위해 갖추어야 할 세 가지 조건을 강조했다. 데코로decoro, 스프레차투라sprezzatura, 그라지아grazia. 데코로는 준비와 노력을 의미한다. 스프레차투라는 아무리 어려운 일이라도 쉬운 것처럼 세련되게 해내는 것을 뜻한다.

스프레차투라는 데코로 없이 불가능하다. 데코로와 스프레차투라가 완벽한 조화를 이루면 자연스럽게 우아함이 드러난다. 그라지아다. 우아한 아름다움을 가능하게 하는 위장의 기술이 스프레차투라다.

무심한 것 같지만 세심하고, 유유자적하면서도 능란한 기술이 스프레차투라다. '기술이 아닌 듯 보이는 기술'이다. '무기교의 기교'라 할 수 있다. 기교가 없는 것이 아니다. 기술을 숨기는 기술이다. 노자가 말한 '대교약졸大巧若拙'이다. 위대한 기교는 오히려 서투르게 보인다. 그것이 우아하다.

스프레차투라 정신이 발휘되어야 할 곳은 오히려 중년들의 삶이다. 지금껏 너절해지기도 했고, 비굴해지기도 했으며, 상처도 제법 맛보았고, 무엇보다도 패배의 경험이 많고, 도량도 제법 늘어났으니, 데코로가 없지 않다.

스프레차투라는 데코로 없이 불가능하다. 데코로를 통해 단련된 뭔가를 이제 드러내 보일 때다. 그러나 데코로가 노골적이고 티가 나게 드러날 때 추해진다. 잔머리나 꼼수나 대박을 바라는 마음이 노골적으로 드러나는 것은 스프레차투라의 우아한 기술이 부족한 허접한 모습일 뿐이다. 우아한 행위 뒤에 가려진 자기 통제의 힘든 노력 그 자체조차도 보이지 않는 것처럼 행하는 것이 스프레차투라다.

동물의 세계에서 위장술은 보편적이다. 동물들은 자신이 겁에 질리거나 위험에 처할 때 자신의 몸을 부풀리거나 색깔을 바꾸거나 공격적인 자세를 취한다. 이러한 위장술은 인간에게도 있다. 권세를 이용하고 위세를 부리며 허세를 떨고 세를 과시한다.

그러나 사자나 호랑이는 위장술이 그다지 발달하지 않았다. 강자는 위장하지 않는다. 그렇다고 해서 위장술이 없는 것은 아니다. 강자들의 위장술은 어떨까? 바다의 물처럼 위장한다. 바다와 같은 물은 모든 것을 포용한다. 포용할 수 있기 때문에 물을 담는 용기처럼 자신을 변형시킨다. 자신을 고집하지 않고 주변 사물에 따라 흘러갈 뿐이다.

대부분 《손자병법孫子兵法》을 노회한 장수의 교활한 권모술수로 해석한다. 손자는 최고의 전쟁 기술을 "싸우지 않고 적을 굴복시키는 것〔不戰而屈人之兵, 善之善者也〕"이라고 정의한다. 그러나 정말 싸우지 않는다는 말일까?

싸우지 않는 것처럼 보일 뿐이다. 어떻게 이것이 가능할까? 먼저 전술戰術의 고수가 아니라 무술武術 고수의 얘기를 들어보자. 무술의 고수는 단연코 이소룡이다. 이소룡은 이렇게 말했다. "가장 뛰어난 기술은 아무 기술도 없는 것이다." 정말 아무 기술이 없는 것일까? 아니다. 아무 기술이 없는 것처럼 상대에게 느껴지게 만드는 기술이다.

이소룡은 이어 말한다. "내 기술은 당신이 사용한 기술의 결과

이고, 내 움직임은 당신이 움직인 결과이다." 내가 부리는 기술은
상대의 기술을 이용하고 따르기 때문에 상대의 기술에 따른 결
과라는 말이다. 중요한 점은 상대는 자신의 기술에 의해서 스스
로 당했다고 착각한다는 사실이다.

손자는 "병법은 속이는 기술(兵者, 詭道也)"이라 했다. 손자가
말하는 속이는 기술은 기만적인 사기술이 아니다. 상대의 움직임
에 따른 결과였기에 상대가 어떻게 졌는지도 모르는 기술이다.
형形과 세勢를 강조하는 이유이기도 하다.

> 용병의 형세는 물과 같다. 물은 땅의 형세에 따라서 흐름을 만
> 든다. 용병은 적의 형세에 따라 승리를 만든다. 따라서 용병은
> 고정된 형세가 없고 물은 고정된 형태가 없다. 적의 변화에 따
> 라서 승리를 쟁취할 수 있는 것을 신묘하다고 말한다. (夫兵形
> 象水. (…) 水因地而制流, 兵因敵而制勝. 故兵無常勢, 水無常形. 能因敵變
> 化而取勝者, 謂之神)
>
> —《손자병법》중에서

물이 땅의 형태에 따라 자연스러운 흐름을 만들 듯이 용병술
도 상황과 조건에 따라 그에 적합한 병술을 사용해야 한다. 적의
상황에 따라 전략을 달리하는 방법은 자신의 세勢를 과시하는 것
이 아니라 상대의 세를 따르는 것이다.

'따라서'라고 번역한 '인因'이란 형세를 냉정하게 파악하고 그

형세의 이치를 따른다는 뜻이다. 억지로 강제하지 않는다. 상대의 조건과 형세를 이용하되, 상대가 그렇게 되었다는 사실을 알아차리지 못하게 하면서 승리를 유도하는 방법이다. 분노나 정의감에 가득차서 상대를 성급하게 공격하다가는 낭패를 당하기 쉽다.

상대의 형세를 냉정하게 파악하고 객관적인 시세를 따라서 합당하고 적절한 방식으로 일을 처리해나간다. 포용성과 유연성을 지닌 물과 같다. 포용성과 유연성을 잃을 때 진부해지고 고집스러워진다. 진부함과 고집스러움은 우아함과는 거리가 멀다.

우아함은 아량 있는 자의 관대함에 속한다. 아량은 가진 자의 여유 속에서 나온다. 무협 영화를 보면 고수들의 특징이 있다. 상대방의 현란한 공격을 모두 막아내고 피하면서 이상하게 마음의 동요를 일으키지 않고 여유 있고 냉정한 태도를 유지한다는 점이다. 고요한 냉정함에서 현란한 움직임이 나온다. 이것이 정중동靜中動이다. 냉정한 고요함 가운데에서 현란한 움직임이 가능하다.

ㅣ 중년의 삶에 나타나는 입스 증후군

소크라테스는 음미되지 않는 삶은 가치가 없다고 했지만 싸워보지도 않은 삶은 음미될 가치도 없다. 계산하고 추론하면서 미적거리는 음미의 신중함은 결단을 유예시키는 소심함이다. 두려움 때문에 회피하는 것일 수도 있다.

소심함과 두려움이 닥쳐오는 시기가 중년이다. 미래의 가능성과 선택의 영역은 점점 쪼그라든다. 쪼그라들면 들수록 소심함은 깊어지고 자신감은 사그라진다. 나이를 먹으면 먹을수록 육체적으로는 노쇠해지면서 정신적으로는 노회老獪해지기도 한다. 소심함과 두려움을 이 정신적 노회로 보충하려고 한다.

노회란 날카로운 현실 판단이나 노련함과는 다르다. 어떤 일에 경험이 많아 의뭉스럽고 교활하다는 뜻이다. 교활한 계산과 기만적인 계획이 늘어난다. 그러나 과도한 계산과 생각은 자연스런 움직임을 방해한다. 고심 끝에 악수를 두는 것이다.

잘하려 하면 할수록 잘되지 않는 경우가 많다. 나이를 먹고 있다는 증거다. 어떤 일을 시작하기도 전에 계산부터 한다. 골프를 쳐본 사람은 '입스yips 증후군'이라는 현상을 알 것이다. 자기 생각대로 플레이가 되지 않는 운동장애를 말한다.

의학적으로 입스 증후군은 '국소 근긴장이상증'의 일종이라고 한다. 근육에 필요 이상의 과도한 힘이 들어가 제대로 움직이지 못하는 증상이다. 운동선수에게만 국한된 증상이 아니다. 작업 특이성이라고도 한다. 피아니스트 등 섬세하고 반복적인 동작에서 많이 나타난다.

흔히 심리적 요인을 원인으로 꼽지만 단지 그것만은 아니다. 뇌와 긴밀하게 관련된다는 주장도 있다. 좌뇌는 추론 분석 등 계산하고 생각하는 기능을 담당하고 우뇌는 감성적이고 직관적인 기능을 담당한다. 좌뇌는 이성적인 기능을 담당하고, 우뇌는 종합적인 기능을 담당한다. 좌뇌는 남성성이 강하고 우뇌는 여성성이 강하다.

입스는 이 좌뇌의 활동이 과도하게 작동했을 때 발생한다. 좌뇌가 지나치게 작용해 우뇌가 작동할 수 없는 상태다. 과도한 생각이 자연스런 움직임을 지배해버리기 때문이다. 지나치게 분석하고 계산하는 남성적 압박이 여성적 유연성과 자연성을 가로막는다. '입스'란 과도한 남성성이 여성성의 운동을 방해하는 것이다.

이 입스 증후군은 단지 운동선수나 전문적인 직업인만이 걸리는 것이 아니다. 오랫동안 삶을 매일 반복하면서 경험을 쌓은 사람들도 마찬가지다. 게다가 고정된 직업을 오랫동안 견뎌왔던 중년이라면 더욱 그러하다.

입스에 빠졌다는 것은 과도한 생각과 계산이 가져온 부자연스런 움직임이다. 뻣뻣해지고 강퍅해진다. 유연성이 떨어진다. 자기만의 방식을 고집하고 일을 처리하는 패턴이 고착화된다. 진부해지는 것이다.

고착화된 고집과 진부함이 입스 증후군의 정체다. 이것이 노화의 첫 단계다. 노회老獪의 의뭉스러움과 교활함은 겁먹고 소심한 이기심에서 나온다. 고착화되고 진부하기에 유연성이 떨어진 추한 전략이다. 우아하지 못하다.

'인자무적仁者無敵'이란 말이 있다. 흔히 인한 사람은 적이 없다고 해석한다. 인자는 모든 사람들에게 관대하고 사랑과 은혜를 베풀기 때문에 인자를 미워하는 적이 없다는 말로 이해한다. 이런 해석은 싸움에 무능력하거나 싸움을 회피하려는 허약한 사람들의 자기변명일 뿐이다.

적이 하나도 없다고 해서 인자가 되는 것은 아니다. 인자는 당연히 평화를 사랑하지만 적이 없지도 않고, 싸움을 할 줄 모르지도 않으며, 미워할 만한 적과의 싸움을 피하지도 않는다. 때문에 인자는 권력을 쟁취하는 능력이 탁월하기 때문에 어떠한 적과도 승리할 수 있다. 그러므로 인자를 상대할 만한 적이 없다.

'손자병법'은 영어로 'Art of War'로 번역한다. 나이든 사람들의 우아한 행동은 개인적인 파워power가 아름다운 것이 아니다. 사람들의 마음을 경청하고 현실적 조건과 형세를 따라서 유연하게 포용할 수 있는 아트art가 아름답다.

중년이라면 살아온 날들만큼 살아가야 할 날들이 남아 있는 시기다. 문제는 살아온 날들이 아니라 살아가야 할 날들이다. 승리의 기억에만 취하거나 패배의 실수만 집착한다면 어느 순간 어떤 일도 대처하지 못하는 무기력한 패배자로 전락할 수가 있다. 입스 증후군에 빠진다.

그러므로 나이를 먹었다고 삶을 음미하려는 애늙은이가 되기 전에 전열을 가다듬고 다시금 싸워봄 직하다. 싸우되 좀 우아하게. 물어야 할 것은 싸움 자체에 대한 도덕적 정당성이 아니다. 싸움이 불가피하다면 어떻게 싸워야 할 것인가에 대한 방법론적인 도덕성을 물어야 한다. 비열하지 않은 우아한 싸움의 기술에 대한 물음이다.

〈동방불패〉라는 영화가 있다. 그 영화에는 강호의 최절정 고수가 되어 절세 무공을 얻을 수 있는 비법이 적힌 비서秘書가 나온다.《규화보전葵花寶典》. 강호의 고수가 되고 싶다면 욕심낼 만하다. 핵심? 고자가 되어야 한다는 사실. 부작용은? 여자가 되어 사랑을 느끼고 질투를 느낄 수도 있다는 점.

《규화보전》은 여자가 아니라 남자에게 적합한 비법이다. 고자가 되어야 한다는 것은 여성화를 의미한다. 핵심은 남성성을 죽이고 여성성이 강화되어야 한다는 사실. 이점을 주목해야 한다. 절세 무공의 핵심은 여성성의 강화다. 강함보다는 부드러움이다. 여성성은 이제 인류를 주도할 핵심 키워드가 될 것이다.

여성성의 핵심이 거세去勢다. 그대로 해석하자면 세勢를 제거해야 한다는 뜻이다. 어떤 세를 제거해야 할까? 기세, 권세, 위세, '힘세'. 남성성은 자신의 세勢를 가지고 명령하고 과시하고 공격하고 주도하고 지배하고 규정하고 거칠다. 세를 모으려고 몰려다니며 '으쌰 으쌰' 술만 마신다.

제거해야 할 것은 성기가 아니다. 세勢를 과시하려는 남성성이다. 세는 과시적으로 드러내는 것이 아니다. 세는 명중하게 파악하고 이용하는 것이지 드러내놓고 과시하는 것이 아니다. 세를 과시하려고 싸우기보다 세를 이용해 조화하는 편이 순조롭다. 갱년기 남성들은 남성호르몬 테스토스테론이 감소하고 근력이 저하되어 여성화된다고 한다. 눈물이 많아진다. 기회이지 않은가? 중년이라면《규화보전》을 연마할 시기다.

고 전
읽 기

《손자병법》

서양철학 사조를 크게 두 가지로 구분하는 경향이 있다. 구조를 강조한 철학과 주체를 강조한 철학이다. 동일한 구분을 중국 고대 철학에도 적용할 수 있다. 세勢를 강조한 철학자와 마음心을 강조한 철학. 마음을 강조한 철학자는 누굴까? 공자孔子다. 그렇다면 세를 강조한 철학자는 누굴까? 손자孫子다.

손자가 강조한 것은 형形과 세勢다. '형'이란 물리적인 배치와 구조를 의미하고 '세'란 이 배치와 구조로부터 나오는 힘이다. 어떤 것이든 '형'이 없는 것이 없고 '형'이 있다면 반드시 '세'가 있다. 예외는 없다.

그러므로 어떤 형체의 기틀이 형성되면 그 기틀에 의해서 어떤 힘의 작용이 일어나게 된다. 구조와 배치로부터 힘이 나온다. 예를 들면 활과 화살이라는 기틀이 있으면 그것으로부터 견고한 것을 뚫는 힘이 나온다. 화살을 쏠 수 있는 힘이 가능한 것이다.

그런다면 '형'이란 배치와 구조로서의 몸 '체體'이고 '세'란 그 몸체로부터 작동하게 되는 작용用'이다. 체體와 용用이다. 전쟁에서는 군사력의 배치와 구조이고 그것으로부터 나오는 전력戰力이다. 모든 것에는 이렇게 형과 세가 있다.

이 형세를 바탕으로 해서 일을 처리하는 것을 '인因'이라고 한다. '인仁'을 강조했던 공자는 세를 좋아하지 않고 시詩를 좋아했다. 세를 이용했던 손자와 시를 좋아했던 공자에게는 어떤 공통점이 있을까?

전쟁과 시는 모두 상대를 이기는 것을 목표로 한다. 전쟁은 전략과 전술로 적을 굴복시키고 시는 언어의 배치와 상징으로 독자를 감동시킨다. 그러나 굴복시키려는 전략과 전술이 상대에게 들켜서는 안 되듯이 감동시키려는 언어적 배치와 상징이 독자에게 들킬 정도로 유치하다면 감동시키지 못한다.

결국 둘의 공통점은 상대에게 전략적 배치든 상징적 배치든 들키지 않으면서 굴복시키든지 감동시켜야 한다는 것이다. 굴복시키려는 의도가 들키지 않으면서도 상대를 굴복시켜야 하고 감동시키려는 의도가 없으면서도 상대를 감동시켜야 한다. 모순이다.

이 모순을 실천해야만 하는 것이 손자와 공자의 공통점이다. 들키지 않게 상대를 굴복시켜야 하는 기술. 그것은 예술이다. 그러나 예술도 사기술이 될 수 있다. '인因'은 '인仁'은 아니다. 그러나 인을 실현할 수 있는 바탕이다. '인因'에 대한 능력이 없이 '인仁'만을 얘기하다가는 '인因'에 능통한 사기꾼에게 언제나 당할 수밖에 없다. '인仁'은 어리숙한 바보가 되어서는 안 된다.

一
미래가 너무 불안해요

현기증의 불안은 미래로부터 올까? 미래를 모르기
때문에 우리는 불안한 것일까? 미래를 알려고 하는
욕망에는 사실 미래에 대한 예감을 전제한다. 우리는
미래를 모르기 때문에 미래를 알려고 하는 것이
아니라 미래를 예감했기 때문에 미래를 알고 싶어
한다. 그래서 미래를 부정하려 한다.

다섯,
몰락

| 발밑에서 우리를 끌어당기는 유혹

천 길 낭떠러지에 서 본 일이 있는가? 낭떠러지에서 우리는 현기증을 느낀다. 사르트르에 의하면 현기증의 정체는 두려움이 아니라 불안이다. 현기증이 불안인 이유는 내가 절벽에서 떨어지지 않을까를 두려워하는 것이 아니라, 오히려 내가 스스로 절벽에서 몸을 던지지 않을까를 불안해하기 때문이다.

결국 현기증은 자신에게 주어진 상황을 제대로 대처하지 못하거나 감당하지 못할 것이라는 의심 때문에 발생한 불안 증상이다. 불현듯 자신의 나약함을 의식하고야 마는 것이다. 나약함에 대한 의식으로부터 나온 불안이다.

외적인 위협은 두려움을 일으키지만 내적인 의심은 불안을 일으킨다. 그래서 자신의 나약함을 의식한 순간 그것을 인정하지 않으려고 저항한다. 저항하면서 동시에 회피하고 싶어진다. 이렇게 회피하고 싶은 충동이 불안을 일으키고 그 회피에 투항하고 싶어진다. 그러므로 현기증은 발밑에서 우리를 끌어당기는 유혹이다. 살 떨리는 불안 속에서 뛰어내릴 수밖에 없는 자제할 수 없는 욕망이기도 하다.

신분 상승과 성공을 위해 정신없이 앞만 보고 달려온 40대에게 현기증은 불가피하다. 높이 올라간 만큼 현기증은 감당할 수 없는 불안이다. 정신없이 앞만 보고 달려온 삶이지만, 불현듯이 맞이한 끝이 낭떠러지일 경우, 암담하다. 되돌아 갈 것인가? 주저 앉을 것인가? 몸을 던질 것인가?

내쳐 달려온 길을 다시 돌아가기에는 너무 늦은 것 같고, 주저 앉자니 막막하고, 새롭게 달리자니 시작도 하기 전에 지쳐버린다. 그때 의심과 불안이 찾아오고, 스스로 절벽에 몸을 던져 그 수동적 상황에 몸을 맡겨버리고 싶은 충동을 느낀다.

현실이 자신에게 가져다준 배반을 감당하지 못할 때 우리는 흔히 세상을 탓하며 세상으로부터 벗어나려고 하지만, 사실 벗어나고 싶은 것은 현실 그 자체가 아니라, 현실의 무게를 감당하지 못하는 자신의 나약함인지도 모른다.

밀란 쿤데라는《참을 수 없는 존재의 가벼움》에서 현기증 속에 감추어진 나약함을 이렇게 묘사한다.

현기증을 느낀다는 것은 자신의 허약함에 도취되는 것이라고 말할 수 있다. 자신의 허약함을 의식하고 그에 저항하기보다는 투항하고 싶은 것이다. 자신의 허약함에 취해 더욱 허약해지고 싶어 하며 모두가 보는 앞에서 백주 대로에 쓰러지고 방바닥에, 땅바닥보다 더 낮게 가라앉고 싶은 것이다.

사람들이 모두 보는 백주 대로에 쓰러지고 싶어 하는 것은 어린아이처럼 자신의 나약함을 전시하고 싶기 때문이다. 차마 도와달라는 말은 하지 못한 채 자신의 어려움을 드러내 투정하고 싶은 나약함이다.

땅바닥보다 더 낮게 가라앉고 싶은 것은 그러한 모습을 스스로에게 들키고 싶지 않기 때문이다. 도움을 요청하는 나약한 자신을 땅속 깊이 자신도 모르게 숨기고 싶은 수치심이다.

| 초인超人과 말인末人 사이

믿었던 세상은 냉정하게 배반한다. 자신이 축적한 자산은 어느 순간 빚으로 변한다. 대학에서 빚을 내며 공부한 능력은 순식간에 무능력으로 뒤바뀐다. 자신의 직업을 통해 누린 신분적 안정감은 어느 순간 책상에서 내몰리며 불안정한 신세가 된다.

낭떠러지다. 빚 때문에 경제적인 궁핍이 시작되고, 무능력자가 되어 자기 정체성은 무너지며, 불안정한 신세가 되어 불안은 멈추지 않게 된다. 스스로도 지금껏 의식하지 못했던 나약함과 수치심이 훤하게 드러난다. 현기증을 느끼기 시작한다.

하나의 과도기인 중년이라면, 그래서 천 길 낭떠러지에 서 있다면, 니체가 말한 '몰락untergang'을 생각해봄 직하다. 니체는 19세기 유럽의 민주주의와 부르주아적 속물성을 지적하며 '말인末人, last man'을 경멸했다.

'말인'이란 현실에 안주하면서 오직 가련한 안락만을 취하는 사람들이다. 어떤 열정도 헌신도 없이 세속의 안락만을 살핀다. 이 안락이 영원히 지속되기만을 원할 뿐, 다른 세상을 꿈꿀 줄 모르고, 어떤 위험도 감수하려 하지 않으며 자신이 행복하다고 생각한다.

니체가 말하는 최후의 인간인 '말인'은 자기 자신을 더 이상 경멸할 줄 모르는 자이기도 하다. 스스로를 경멸하지 못하기 때문에 스스로 몰락할 줄 모른다. 니체가 사랑하는 사람은 스스로 몰락하는 자다.

나는 몰락하는 자로서가 아니면 살 줄을 모르는 사람을 사랑한다. 그야말로 저쪽으로 건너가는übergehen 사람인 까닭에. 인식하기 위해서 사는 사람을, 그리고는 언젠가는 초인이 살 수 있도록 인식하고자 하는 사람을 나는 사랑한다. 그리고 그렇게 그 사람은 자신의 몰락을 원하는 것이다.

—《차라투스트라는 이렇게 말했다》중에서

니체는 끊임없이 스스로를 병에서 회복하는 인간이라고 묘사한다. 그런 점에서 몰락이란 병에서 회복하기 위해서 반드시 거쳐야 할 단계다. 니체가 생각하는 인간은 짐승과 초인 사이에 매어진 밧줄 위의 인간이다.

때문에 니체에게서 몰락이란 짐승에서 초인으로 건너가는 하나의 과정이다. 니체는 이 세속의 가련한 안락에 빠져 사는 말인을 넘어 초인übermensh의 도래를 희망했다. 초인은 몰락하는 자이기도 하다. 몰락이란 건너가는 것übergehen이면서 동시에 아래로 내려가는 것untergehen이기도 하다. 몰락이란 내려감으로써 넘어가는 것이다. 체념의 무너짐이 아니라 상승의 계기다.

때문에 니체는 "무덤이 있는 곳에서만 부활이 있다"고 한다. 죽음을 넘어 새롭게 탄생한다. 무덤 문을 열고 부활한 사람은 예수다. 예수의 부활을 어떻게 이해할 수 있을까? 지젝은《부정적인 것과 함께 머물기》에서 예수의 죽음을 이렇게 해석한다. 예수의 죽음은 비탄의 날인 동시에 기쁨의 날이다. 진정으로 모든 것을 위태로운 내기에 걸어놓을 때 자비로운 반전이 뒤따른다. 그래서 하느님의 은총과 자기 상실의 반전을 지젝은 이렇게 표현한다.

은총의 개입은 선행하는 상실과는 구별되는 어떤 것이 아니라, 바로 이 상실, 바로 이 동일한 자기포기의 행위가 다른 관점에서 파악된 것이다.

하나님의 은총은 어떻게 우리에게 다가오는가? 모든 것을 버리겠다고 생각하는 그 포기의 행위 자체가 은총이 임하는 순간이다. 포기는 자포자기가 아니다. 내려놓음이다. 모든 것을 버리겠다고 생각하는 포기가 다른 관점에서 볼 때 사실은 상실이 아니라 은총이었다는 것을 사후적으로 깨닫게 된다.

예수는 "회심하라. 천국이 가까이 왔다"고 했다. 회심하라고 번역한 말은 원래 메타노이아_μετανόια라는 말이다. 메타노이아는 마음의 상태를 바꾸라는 의미다. 종교적인 차원에서는 마음의 상태를 변화시키는 것이다.

니체에게서 인식의 전환, 그것이 메타노이아다. 때문에 니체는 인식하기 위해서 사는 사람을, 그래서 몰락하기 위해서 사는 사람을 사랑했다. 몰락은 기존의 세계와 가치를 뒤집는 인식의 전환이 만들어낸 자기 상실이며 상실이지만 동시에 새로운 탄생이다.

| 우리는 삶의 시인이 되어야 한다

현기증의 불안은 미래로부터 올까? 미래를 모르기 때문에 우리는 불안한 것일까? 미래를 알려고 하는 욕망에는 사실 미래에 대한 예감을 전제한다. 우리는 미래를 모르기 때문에 미래를 알려고 하는 것이 아니라 미래를 예감했기 때문에 미래를 알고 싶어 한다. 그래서 미래를 부정하려 한다.

결국 미래를 모르기 때문에 불안한 것이 아니라 예감된 미래를 회피하고 싶기 때문에 불안이라는 감정을 만들어낸 것이다. 우리가 진정 모르는 것은 미래에 대한 예감 속에 감추어진 또 다른 욕망이다. 모르는 것은 미래가 아니다. 감당하지 못할 현실 속에 감추어진 자신의 욕망의 실체를 몰랐던 것이다.

현기증에는 예감된 미래에 대한 불안이 있다. 예감된 미래를 감당하지 못할 것 같은 자신의 나약함을 의식했기 때문이다. 그 의식이 수치심을 불러일으킨다. 어릴 적과는 달리 어른이 된 뒤에 느끼는 나약함과 수치심은 결코 겉으로 드러내 보이고 싶지 않다. 센 척한다.

센 척하면서 자신의 나약함을 드러내지 않으려 한다. 비난을 받고 미움을 받을지도 모른다는 두려움 때문이다. 그 두려움이란 사람들로부터 소외받지 않고 싶다는 강렬한 열망일 뿐이다. 진정으로 강한 것은 나약함이 전혀 없는 단단함이 아니다.

오히려 현실로 몰락하여 타인에게 다가설 수 있는 담대함이다. 상처받을지라도 자신의 나약한 속살을 보여주는 것이기도 하다. 센 척하는 것은 나약함을 감추려는 객기이지만 자신의 나약함을 드러내는 것이 대담한 용기다.

타자에게 자신의 생각을 말한다는 것은 동시에 자신의 생각을 되묻고, 그 생각의 논리가 가진 한계와 의도가 가진 진정성이 까발리면서 비판될 수 있고, 그 의도에 감추어진 무의식적 영역까지도 드러날 수 있는 가능성과 위험에 자신의 생각을 전적으로 내맡긴다는 것을 의미한다. 그것은 용기가 아닐 수 없다.

미움받고 욕을 얻어먹을 수 있는 배짱을 가져라. 그것을 자신이 진실로 인정할 수 있다면, 그것을 이해하고 용서하지 못할 사람들은 없다. 그러니 담대하라. 이 담대함은 능동적으로 자신의 생각을 관철하기 위해 투쟁하라는 대담함이 아니다.

수동적으로 타자의 비난과 비판을 받아들일 수 있는 대범함이다. 자신의 생각이 가진 확신이 철저하게 무너질 수 있는 위험 속에 스스로를 내던지는 단호함이기도 하다. 그러나 동시에 다시 일어날 수 있다는 가능성을 자신하는 결기이기도 하다. 그러니 담대하게 몰락하라.

사람들은 안온한 현실을 원한다. 몰락이란 시각과 사고의 전환을 의미한다. 니체는 '가치전도價値顚倒, umwertung'를 말한다. 모든 인식과 가치를 뒤집어 변화시키는 것이다. 안온한 환상의 현실이 찢어져 나약한 속살이 드러날지언정 거짓된 안락 속에 살지 않겠다는 의지다. 그것을 몸의 세포가 원하기 때문이다.

때문에 현기증이란 실패의 지점에서 처음부터 시작하려는 저항이며 도전의 기회다. 땅에서 넘어진 자, 땅을 딛고 일어설 수밖에 없고, 물에 빠진 자, 밑바닥을 치고 올라와야 하지 않는가?

몰락을 감행하려는 용기가 없는 것은 나약함을 드러내기를 부끄러워하는 수치심과 실패에 대한 두려움 때문이다. 실패를 겪지 못했다는 것은 실로 자신에게 진실한 문제를 풀려고 하지 않았다는 뜻이다. 실패가 없다는 것은 도전이 없다는 말이기도 하다.

"우리는 우리 삶의 시인이 되려한다." 니체의 말이다. 이 말은 자신의 인격에 하나의 양식을 부여한다는 의미다. 다시 니체의 말로 표현한다면 "자기 자신이 된다는 것은 자신을 하나의 예술작품으로 창조하는 임무를 감당하는 것"이다.

그 어떤 시와 소설보다도 자신이 겪고 있는 그 삶 자체가 하나의 시이고 소설일 수 있다. 그리하여 시나 소설을 창작하는 데에 자신의 열정을 쏟는 창조자 이상으로 함께 살아가는 사람들과 자신이 처한 삶에 열정을 쏟는 것이 시적인 감동이 될 수 있다.

그러나 다만 혼자만이 고립된 미친 시인이 되어서는 안 될 터이다. 아무도 시인이 되려하지 않는 이 파렴치한 사회 속에서.

고전읽기 **프리드리히 니체의 《차라투스트라는 이렇게 말했다》**

니체는 스스로 다이너마이트라고 칭했다. 니체의 글은 피로 쓰여 있다. 피로 써진 것은 요약될 수 없다. 그러므로 인용될 수밖에는 없다. 니체는 진리에의 의지 속에 감추어진 욕망을 읽어냈다. 진리에의 의지는 사실 권력에의 의지였다. 인식하고자 하는 의지는 사실 지배하려고 하는 의지였다. 차라투스트라는 이렇게 말한다.

"진실로, 내가 너희에게 말하노니, 변하지 않는 선과 악은 존재하지 않는다. 자기 자신으로부터 선과 악은 언제나 다시금 스스로를 초극해야만 한다. 그러나 너희의 가치들로부터 보다 강한 힘과 새로운 초극이 자라나오고, 그것에 의해 알과 알 껍질이 깨진다. 그리고 선악의 창조자가 될 수밖에 없는 자는 진실로, 먼저 파괴자가 되어 여러 가치들을 깨버리지 않으면 안 된다. 이렇게 최고의 악은 최고의 선에 속해 있는 것이다. 그러나 그 선은 창조적인 것이다.

자, 그것에 관해 말하자, 너희 가장 지혜로운 현자들이여, 설혹 말한다는 게 좋지 않은 일이라 할지라도. 침묵한다는 것은 더 좋지 않은 일이다. 입 밖에 내지 않는 진리는 모두 독이 된다. 그리고 우리의 진실로 하여 부서질 수 있는 것이라면 모두 – 부숴버려라! 지어야 할 집들이 아직도 많다."

지금 우리들이 가지고 있는 것이 선이건 악이건 모두 부숴버려야 할 것들이다. 부숴버리기 전에 선행하는 것이 있다. 일본의 젊은 철학자 사사키 아타루의 책《잘라라, 기도하는 그 손을》의 주제는 책과 혁명이다. 단적으로 말하자면 혁명은 폭력이 이루는 것이 아니다. 선행하는 것이 있다. 문학이다. 문학은 소설과 시만을 의미하지 않는다. 고독하게 책을 읽고 다시 텍스트를 쓰는 것이야말로 혁명을 일으키는 근원적인 힘이다. "문학이야말로 혁명의 근원이다."

사사키 아타루는 이런 질문을 한다. 왜 권력은 인문학을 폄하하고 추방하려는 것일까? 문학이 혁명의 잠재력을 아직도 갖고 있기 때문이다. 권력은 이 때문에 겁을 먹고 있는 것이다. 그러니 카프카의 말처럼 "초조해하는 것은 죄악이다." 성급함과 폭력은 문학의 혁명적 잠재력에 대한 신뢰의 결여를 드러내는 것이다. 다시 한 번 말하지만 "초조해하는 것은 죄악이다."